U0618648

高校体育教育与立德树人协同研究

肖福俊 ◎ 著

吉林出版集团股份有限公司

图书在版编目（CIP）数据

高校体育教育与立德树人协同研究 / 肖福俊著. —
长春：吉林出版集团股份有限公司，2022.4
ISBN 978-7-5731-1412-9

Ⅰ. ①高… Ⅱ. ①肖… Ⅲ. ①体育教学—教学研究—
高等学校②高等学校—体育—人才培养—研究 Ⅳ.
①G807.4

中国版本图书馆 CIP 数据核字（2022）第 057023 号

高校体育教育与立德树人协同研究

著　　者	肖福俊
责任编辑	白聪响
封面设计	林　吉
开　　本	787mm×1092mm　　1/16
字　　数	200 千
印　　张	9
版　　次	2022 年 4 月第 1 版
印　　次	2022 年 4 月第 1 次印刷

出版发行　吉林出版集团股份有限公司

电　　话　总编办：010-63109269
　　　　　　发行部：010-63109269

印　　刷　北京宝莲鸿图科技有限公司

ISBN 978-7-5731-1412-9　　　　　　　　定价：58.00 元

前　言

近年来，国民的体育意识逐渐提升，这对体育事业的发展也起到了积极的推动作用，在大学教育中，体育教学也越来越受到高校的重视。在新时期环境下，不仅要求大学体育教学具有良好的教学质量，同时还要注重立德树人的教学，但是由于受到传统体育教学观念的影响，大学体育教学中的立德树人还比较缺乏，本书针对大学体育教学中的立德树人进行探究，希望对大学体育教学中的立德树人提供帮助。

大学体育是大学教育中的重要内容，国家对体育教育不断重视，对大学体育教学也提出了更高的要求，大学体育教学在教学任务中也逐渐地强调立德树人的教育内容，这也是新时代发展对体育教学提出的新标准。大学体育教学想要实现立德树人教育，就需要其正视其教学的现状，并进行立德树人教育方法的探索和研究，这对大学体育事业的发展也具有重要的意义。

在大学体育教学中，实践教学占据了大部分的体育教学时间，也是大学体育教学中的重点内容，因此，教师就需要重视实践教学中对学生立德树人的教育。教师在体育实践教学中，要充分地掌握立德树人教育的任务，根据相应的教学任务来开展教学，进而在大的教学目标下，来进行立德教育的落实和细节化。比如，在篮球项目的教学中，最主要的是培养学生团队协作的精神，而在实际的训练中教师还要重视学生个人技术，鼓励他们不断提高个人技术，从而来培养他们的吃苦耐劳精神。

综上所述，在新时期环境下，大学体育教学要求对立德树人教育更加重视，为了促进大学体育教学中立德树人教育，需要大学院校正视立德树人教育的必要性，并采取有效的措施来加强教育的效果，这也是时代发展对大学体育教学的新要求。

目 录

第一章 高校立德树人研究

第一节 高校立德树人的理念

新时代高校立德树人的理论是基于对我国古代历史德育思想的探索，是对于马克思人学理论的借鉴和创新，亦是对中国共产党的历代领导人关于德育思想的继承和发展。高校把立德树人作为根本任务，是实现中华民族伟大复兴中国梦的必然要求，是坚持和发展中国特色社会主义道路的必然要求，是提高我国综合国力的必然要求。

十八大以来，党中央高度重视青少年德育工作过程的实施和落实，强调要把立德树人理念作为社会主义办学方向以及高校立身之本。在党的十九大报告中，进一步强调"落实立德树人任务，培养德智体美全面发展的社会主义建设者和接班人"。立德树人即是以"立德"为标杆从而实现"树人"的教育目标，立德是树人的基础和前提，树人是立德价值表现，两者相互联结、互相贯通共同致力于习近平新时代高校育人工作。

一、立德树人的理论溯源

（一）立德树人的历史溯源

对于立德树人的诠释我们可以分为"立德"和"树人"两个基本层面，而对这两个层面的阐释我们可以透过时间的脉络上溯到数千年的中华民族发展史中。关于"立德"思想的最早文字记载我们可以追溯到先秦时期的《左传·襄公二十四年》里"三不朽"论述。范宣子与叔孙豹在讨论"身死而名不朽灭"问题时，叔孙豹曰："太上有立德，其次为立功，其次为立言。虽久不废，此之谓不朽。"由此可见，在先秦思想家对人生价值的设想中以立德为最高，其次才是建功立业和著书立说。人首先要立德，立德是修身之本、价值之基，人皆有死，不朽乃在于有德。就"树人"而言，最早出现于《管子·权修》："一年之计，莫如树谷；十年之计，莫如树木；终身之计，莫如树人。一树一获者，谷也；一树十获者，木也；一树百获者，人也。"从以上对于立德树人的概念溯源解读可以看出，在以儒家文化为主线的古代社会，注重将道德的培养作为人生价值的追求，强化了立德为上的价值取向。

（二）马克思人学理论的借鉴与创新

自然需要是人的本性。马克思、恩格斯在德意志意识形态中指出："一切人类生存的第一前提也就是一切历史的第一个前提，这个前提就是：人们为了能够'创造历史'，必须能够生活。但是为了生活，首先就需要衣、食、住以及其他的东西。"当今时代，我们强调的立德树人本身即是以满足人的自然需要为基础和前提的。如果我们把人的社会属性当作立德树人的根本，那么这种树人活动则会把个体的发展当作社会运作的机器，使个体的人变成社会发展的傀儡，毫无生机可言。人的全面发展理论，是指人的智力和体力得到充分、自由以及和谐的发展，是马克思从分析现实的人和现实的生产关系入手，指出了人的全面发展的条件、手段和途径，它是马克思一直追求的理想目标和坚守的理论旨趣，也是我国发展以德树人教育观的基石。"必须围绕学生、关照学生、服务学生，不断提高学生思想水平、政治觉悟、道德品质、文化素养，让学生成为德才兼备、全面发展的人才"。立德树人重点突出人的重要性，是人的全面发展理论的具体实践。

（三）立德树人是中国共产党的历代领导人关于德育思想的继承和发展

我们党也始终把教育事业的发展作为党之基础、国之大计、民之根本，始终把教育工作与党在各个时期的中心工作紧密联系在一起，始终强调教育要立德树人。在新中国成立后，我们党非常重视教育事业的发展和走向问题，毛泽东根据当时的国情，率先提出了培养造就千百万社会主义事业接班人的伟大战略任务。毛泽东强调"我们的教育方针，应该使受教育者在德育、智育、体育几个方面都得到发展，成为有社会主义觉悟的有文化的劳动者"。"我们所主张的全面发展，是要使学生得到比较完全和比较广博的知识，发展健全的身体，发展共产主义的道德"。随着改革开放号角的吹响，以邓小平为核心的第二代中央领导集体提出建设具有中国特色的社会主义，党的教育事业也进入了新的发展阶段。在这一时期，培养一批有理想、有道德、有文化、有纪律的"四有"公民是我们教育事业的目标。以江泽民同志为核心的第三代中央领导集体，制定和实施了科技兴国战略，为提高民族科学文化素养做出了巨大贡献，与此同时，江泽民同志非常关心青少年的全面发展，他强调"各级各类学校不仅要建设完备的文化知识传授体系，而且要把德育放在首位，确立正确的政治方向"。以胡锦涛同志为总书记的党中央，做出优先发展教育、办好人民满意教育和建设人力资源强国的重大部署，推动教育事业走上新台阶。2007年8月31日，胡锦涛同志在全国优秀教师座谈会上强调："要坚持育人为本、德育为先，把立德树人作为教育的根本任务。"党的十八大以来，以习近平同志为核心的党中央，在带领全国各族人民为实现中华民族伟大复兴的中国梦进程中，把中国特色社会主义教育事业的发展作为前进的强大思想武器。习近平强调："高校立身之本在于立德树人。要坚持把立德树人作为中心环节，把思想政治工作贯穿教育教学全过程，实现全程育人、全方位育人。"

二、立德树人的时代价值

（一）实现中国梦的必然要求

实现国家富强、民族振兴、人民幸福和中华民族伟大复兴的中国梦。中国梦的实现绝不是轻轻松松、敲锣打鼓就可以实现的，它是一项长期而艰巨的事业，需要一代又一代中华儿女为之努力，特别是有理想、有本领、有担当的青年一代，更要肩负起实现中国梦的重担。中国梦的实现不仅需要青年大学生具备现代化建设所需的丰富知识与技能，更需要大学生立马克思主义信仰、立共产主义远大理想和中国特色社会主义共同理想、立社会主义核心价值观之"大德"，立文明守规、允公尽责之"公德"，立修身向善、忠孝仁义之"私德"，以及树共产主义远大理想之人、树勇于创新和本领高超之人、树人格健全之人。因此，加强对大学生立德树人理念教育，就是为国家未来固本浚源，为中国梦的实现奠定基石。

（二）坚持和发展中国特色社会主义道路的必然要求

中国特色社会主义道路是党和人民付出巨大的代价取得的成就，具有深厚的历史渊源。它是在改革开放 40 多年的伟大实践中得来的，是在中华人民共和国成立 70 多年的不断探索中得来的，是在中国共产党带领全国各族人民进行浴血奋战的 90 多年的社会革命实践中得来的，是在近代以来中华民族 170 多年的曲折历程中得来的，是在 5000 多年的中华民族优秀文明的传承延续中得来的。中国特色社会主义道路是我们党历尽千辛万苦换来的，来之不易，高校大学生作为中国特色社会主义事业的建设者和接班人，必须德才兼备、全面发展。高校作为立德树人之根本，必须牢牢抓住全方位提高人才培养能力这个核心点，坚持对大学生进行立德树人教育，帮助大学生树立正确的世界观、人生观和价值观，引导大学生增强对中国特色社会主义的理论自信、道路自信、制度自信、文化自信，增强大学生的民族自豪感和自信心，增强大学生对社会主义核心价值体系的认同感，坚定不移地向中国特色社会主义道路奋勇前进。

（三）增强我国综合国力的必然要求

当今时代，经济全球化、世界多极化、社会信息化、文化多样化深入发展，国际的竞争也愈演愈烈，而国家间的竞争归根结底是综合国力的竞争，换言之，国家间综合国力的竞争实质上是人才和教育的竞争。当前，我国发展进入新阶段，改革进入攻坚期和深水区，这是一个矛盾凸显和利益格局不断调整的时期，很多深层次问题的解决都需要我们对创新能力、创新意识和创新精神的培养。而"我国创新发展之路，必须高度重视创新人才的聚集，择天下之英才而育之"，高校作为高素质人才培养的主阵地需要重视人才的整体培养，在不断提高科学文化知识的同时，也需要注重身体、心理以及思想道德的综合素质发展。在很大程度上，思想道德素质关系到一个人创新的目的、动力和方向，是实现人全面发展的核心和灵魂。

三、践行立德树人面对的困境分析

（一）宏观角度：多元化背景加大了高校立德树人的难度

当今我们处在经济全球化、市场一体化、文化多样化、信息智能化的多元化时代，这是一个伟大的时代，但这也是一个对人的道德产生强烈冲击的时代，加大了高校立德树人的难度。首先，政治道德化和经济利益化的悖论制约了立德树人实现的实效性。我国深受优秀传统文化影响，重义轻利，政治道德化特点鲜明。但是市场经济是崇尚多元经济、以利益为上的，市场经济的快速发展滋生了大量以经济利益为主的"政治人"，为了追求利益最大化，他们模糊了政治与经济的界限，在政治道德化的边缘徘徊。如果处理不当，以经济利益为主导的拜金主义、享乐主义、利己主义的思想文化就会沉渣泛起，为立德树人的实践带来重重阻碍。其次，在多元化的时代背景下，各国的思想文化交流、交融、交锋变得更加频繁，国际思想文化领域斗争复杂。随着中国的日益强大，以美国为首的西方国家开始把中国的壮大视为对其价值观和制度模式的挑战，他们开始着力渲染"中国威胁论"，加紧对我们进行思想文化渗透，企图在意识形态领域占领高地。而大学生正处于世界观、人生观、价值观的成长期，容易混淆是非，陷入价值相对主义和历史虚无主义的沼泽，考验着立德树人进程。此外，互联网裂变式的发展是高校实施立德树人面对的"最大变量"。互联网的广泛应用正在重塑媒体格局、舆论生态，特别是论坛、博客、微博、微信等网络传播打破了传统媒体的单向传播方式，使网络成为兼具信息发布功能、舆论传播功能、社会动员功能的聚合器，各种腐朽信息纷至沓来，腐蚀着青年大学生的思想，立德树人难度明显加大。

（二）中观角度：高等教育从"点"到"面"，减慢了立德树人的速度

在我国大众化的教育进程中，受经济利益的驱使，粗放型的应用型人才培养模式大行其道偏离了立德树人的重心，导致教育本性的迷失。首先，大众化教育的普及给众多高校带来经济上的"红利"，为了得到更多的政策倾斜，促使很多高校在办学过程中一味追求数量而忽略了教育质量的重要性，导致人才培养质量出现"滑坡"现象，这与立德树人的目标背道而驰。其次，由于我国高等教育管理机构长期把科研项目、学术论文等作为评价高等学校的标准，这就促使很多高校在培养个人才方面急功近利，一味追求学校的"高水平"和"上水准"，把德育培养看作学校的"绿叶"和"副业"，德育为先的中心地位被边缘化，在很大程度上弱化了德育的效能。最后，在我国大众化的教育进程中，其德育教育依然沿用现有的理论模式，不能与多元化时代带来的新问题出现的新情况相衔接，使学校教育与时代发展脱节，难以满足当代大学生中的成长期待，无法及时解决德育教学过程中的疑虑和困惑，在客观上制约了立德树人的有效性。

（三）微观角度：他律化下成长的大学生增加了立德树人的高度

现在的高校大学生群体基本上是"90 后"以及"00 后"，他们思想活跃、个性张扬、自我意识强烈。在多元化发展的时代，面对缤纷复杂的世界，他们不可避免地陷入彷徨与价值迷茫之中，而心智的不成熟影响着他们的道德认知和行为方式。第一，我国大众化教育体制下的大学生经常为了应试而忽略对自身品德的塑造，道德意识淡薄给非社会主义主流价值的道德观一契机，它们像病毒一样侵入大学生的脑海，从而使存在的正义感以及为人处世的准则也被慢慢侵蚀，距离实现立德树人的任务越来越远。第二，大学生作为德育主体的角色被弱化和缺失，通过自律提升道德品质难上加难。传统非个性化的德育模式，忽略了学生的个性需要与内心诉求，处于客体地位的学生成为被德育的工具，自律意识与慎独能力较弱，缺乏自主的道德体验与锤炼，言行不一，知行脱节。第三，现代高等教育下的大学学科体系存在漏洞，同一学科对其他学科具有很强的排他性，各科之间联系不紧密，特别是大部分学科在学生德育方面的引导比较欠缺。这样就会加剧正在成长的大学生的不安和迷茫，使其在多元化世界中迷失方向、失去自我价值认同，从而增加了立德树人的高度。

四、新时代高校立德树人的路径

（一）高校立德树人的实现，需要加强党的全面领导

中国共产党是中国特色社会主义事业的领导核心，也是新时代高校立德树人的根本保证。党的十八大以来以习近平总书记为核心的党中央高度重视我国教育事业的发展，多次以讲座或报告的形式来推动高校教育工作的发展。习近平总书记在全国高校思想政治工作会议上强调："办好我国高等教育，必须坚持党的领导，牢牢掌握党对高校工作的领导权，使高校成为坚持党的领导的坚强阵地。"党的十九大报告则进一步指出："要全面贯彻党的教育方针，落实'立德树人'根本任务，发展素质教育，推进教育公平，培养德智体美全面发展的社会主义建设者和接班人。"当前国内外形势复杂，高校需要应对的这些复杂变化的任务将会变得繁重和艰巨，所以必须坚持和加强党对高校实现立德树人任务的全面领导。这就需要我们以习近平新时代中国特色社会主义思想为指导，坚持社会主义办学方向，全面贯彻中国共产党对高校立德树人的教育方针，在党的指导下掌握思想政治教育工作规律、教书育人规律和学生成长规律，把全员育人、全过程育人、全方位育人的工作机制落到实处。

（二）加强高校教师的师德师风建设，不断提高教师的人格魅力和学识魅力

良好的师德师风是教师立身立业之本，也是习近平新时代高校立德树人实践的关键。习近平总书记强调，"要加强师德师风建设，坚持教书与育人相统一，坚持言传和身教相统一，坚持潜心问道和关注社会相统一，坚持学术自由与学术规范相统一，引导广大教师

以德立身、以德立学、以德施教"。首先，信念是力量的源泉和动力，所以作为高校的教师必须具有坚定的共产主义理想信念，坚持以马克思主义思想理论为指导，高举习近平新时代中国特色社会主义思想的伟大旗帜，自觉做践行社会主义核心价值观的模范，不断提高自身道德修养素质，加强社会主义的道德观，利用高尚的人格魅力以对学生进行潜移默化的影响。其次，高校教师的魅力不仅体现在人格上，更重要的是他们的学识修养，教师的学识魅力是建构学生与教师之间信任和沟通的桥。因此，教师作为高校大学生践行立德树人的主体，不仅要刻苦钻研业务，不断提高知识的广度和深度，提高自己的教学质量和管理水平，而且要具有创新精神，努力探索新的知识领域，争取在学术上有所建树和造诣，引领学生走向知识的前沿，为实现伟大复兴中国梦贡献力量。总之，只有人格魅力和学识魅力兼备的教师才会增加对学生的说服力、吸引力和影响力，两者相辅相成、相互映衬，共同致力于培养德才兼备的学生。

（三）发挥课程之间的协同效应，不断推进思想政治理论课的创新

发挥课程之间的协同效应是新时代高校立德树人的重要环节。习近平强调，"要用好课堂教学这个主渠道，思想政治理论课要坚持在改进中加强，提升思想政治教育亲和力和针对性，满足学生发展需要和期待，其他各门课要守好一段渠、种好责任田，使各类课程与思想政治理论课同向同行，形成协同效应"。首先，思想政治理论课与其他学科之间的协同，为高校实现立德树人的目标增添了活力。对于思想政治理论的学习和理解不仅仅局限于思想政治理论专业课上，它要融入其他学科中于无形中，以润物细无声的方式引导和影响学生的意识形态，寓价值观引导于知识传授之中。其次，思想政治理论课自身的改革和协同，为高校立德树人注入了强大生命力。在教学管理方面，摈弃千篇一律的模式化教育，坚持统一性与多样性相结合的原则，因地制宜、因材施教，为大学生的个性化发展提供了可能；在课程设置上，坚持理论与实践的协同、灌输性与启发性的协同、历史与现实的协同，打造一个充满活力的课程体系，增加学生的学习乐趣；在教学过程中，紧跟时代潮流的发展趋势，注重网络教学与课堂教学相结合，创新课堂教学，满足学生的成长需要，丰富拓展了高校立德树人的内涵和外延。

（四）加强校园文化建设，提升文化涵养作用

华中科技大学教授刘献君在论述关于学校育人的氛围和环境对于学生的影响时，曾提出了著名的"泡菜理论"。即学校的全部的工作就是要调整好这个泡菜水，营造高品质的文化氛围，让学生在这氛围中思考、理解、感悟，从而净化灵魂、升华人格、完善自己。校园文化是大学的内核和积淀，通过校园文化的建设达到育人目的是立德树人的隐形路径。首先，物质文化建设在校园文化建设中发挥着不可估量的作用。完善的教学设备、合理的空间布局以及各具特色的标志性建筑无不使人赏心悦目，这将有助于陶冶学生情操于无形、塑造学生美好心灵于无声，促进高校大学生的身心健康发展。其次，精神文化建设是校园文化建设的灵魂。因此，第一要加强校风建设，用这种"强制性"的感染力去压制校园的

不良风气，激发学生积极向上的潜力；第二要加强学风建设，提高教学质量，完善大学生的品格，培养德智体美全面发展的社会主义建设者和接班人；第三要加强教风建设，教师作为人才的培养的最后一道关卡，要在管理育人、教书育人和服务育人的过程中发挥主力军作用。最后，制度文化是校园文化的保障。只有建立了完整的规章制度和合理的行为规范，才能保证师生的学习和生活在高校有序的环境中运行，从而维护高校立德树人的秩序。

第二节　高校立德树人的现实意义

"德，国家之基也。有基无坏，无亦是务乎"。美好的德行是国家和民族繁荣的重要基础。在党的十九大报告中，我国社会的主要矛盾发生了改变，人民对美好生活的向往成为重要的价值追求。德育作为教育实践活动，承担着塑造人的价值功能，呈现出的精神力量与人民美好生活的需要高度契合。新时代，高校把立德树人作为根本任务既体现了德育自身发展的内在意蕴，也体现了教育事业对国家发展和民族复兴的深远意义。

一、充分认识新时代高校立德树人的重要性

所谓立德树人即立德为先，树人为本，拥有良好的德行才能掌握树人之道。

在新时代新定位之下的社会，"德"不应作为一种外在的表现形式，而应内化为本心的一种修养。高校是培养高素质人才的核心阵地，人才培养是高等教育功能的动力中枢。因此，要坚持把立德树人作为中心环节，以更加创新性、开放性、包容性的状态实现"树人"的目标。

（一）是继承与发扬中华民族传统美德的必然

中华民族传统美德蕴含着丰富的道德规范，成为培养道德人格的重要力量。在《左传》中以"立德"为人的修养之所在，以道德理想的实现为人的境界之根本。先秦思想家老子在《道德经》一书中著有："道生之，德畜之，物行之，势成之。是以万物莫不尊道而贵德。"老子认为"道"和"德"保护和催化着万事万物的生长发育。孔子认为培养学生的德行才能使他们达到仁者的状态，拥有道德境界才能最终走向自由境界。孟子在《孟子·尽心上》中认为尊崇道、乐于义就可以安详自得，他从"性善论"角度出发力图构建理想的道德体系。中华民族传统美德的道德价值壮大发展着中华民族的道德体系，爱国主义、诚信精神、忠孝观念作为传统美德的内在要义成为长期稳固的育人目标。当今国家处在新的战略高度，加强高校立德树人工作的落实是对中华民族传统美德的继承和升华，也是一种持续的精神力量。

（二）是新时代培养新青年的使命所在

当代大学生不是独立发展的个体，而是同新时代共同发展的一代人，是新时代的建设

者也是见证者。他们是国家和民族的希望,他们的理想、本领和担当关乎国家的前途。德育是教育的首要和方向,加强德育才能培养明大德、守公德、严私德的时代青年。进入了新时代,在推动人的全面发展的过程中,需要拥有过硬的文化知识,也需要青年拥有正确的思想导向。面对当前德育的新形势和新情况,高校要对学生的思想不间断"充电",以提高学生品德修养、坚定理想信念、塑造优良德行为旨要;将"德"内化为一种文化心理,承担起培养新青年的使命和责任,使他们获得持续发展的动力,实现"成人"与"成才"的统一。

(三)是实现中华民族伟大复兴的必然

新时代,国家围绕实现中华民族伟大复兴这一目标和任务提出了一系列新理念、新思路,在怎样实现这一问题上,教育的水平和质量成为前提条件。人而无德,行之不远,德育作为教育的重要组成部分既是入学的第一课,又是永不间断的必修课。高校对大学生的德育推动不仅是文化的养成,还是道德习惯的养成。高校将立德树人作为教育的根本任务,是引导大学生牢固树立心中有祖国、心中有集体的意识,是提高思想道德素质、科学文化素养的重要保证,是大学生将爱国主义精神、正确的理想信念、良好的品德素质等作为自身道德基础的基本内容。"国无德不兴,人无德不立",实现中华民族伟大复兴需要将个人的成长进步同祖国的繁荣发展及中国特色社会主义伟大事业紧密联系。高校要对学生未来发展方向、趋势和前景有更深刻的认识,才能使他们担负起建设祖国的重任。

二、科学把握新时代高校立德树人的现实需求

从党的十八大报告首次将"立德树人"作为教育的根本任务,到党的十九大报告中明确提出落实立德树人根本任务,再到教育现代化 2035 规划中把立德树人置于重要位置等一些战略规划来看,都体现出立德树人对于新时代教育的重要意义。立德树人是高校德育工作的价值诉求,也是高校的使命所在。因此,面对国际国内环境的变化,高校要科学把握立德树人的现实需求。

(一)多元文化冲击力度加大

在国际国内多元发展阶段,利益主体的多元化会导致思想的多元化。一是伴随着对外开放程度的加深,西方异质文化在某种程度上影响着一些大学生的价值观,使他们的思想受影响。二是互联网和新媒体的发展使各种信息跨越时空的界限,以更加高效和个性化的方式传递出来,而一些大学生在思想尚未完全成熟的情况下缺乏道德选择的能力。三是多元文化在一定程度上会影响一些大学生心中固有的价值体系,在形形色色的价值目标的影响下,会逐渐缺乏应有的道德价值判断和意识。大学是精神文化养成的关键阶段,因此把立德树人作为教育的目标,进一步加强对大学生的道德指引理应成为高校教育着力关注的问题。

（二）社会道德冷漠问题逐渐凸显

道德冷漠即人们对外界事物持有一种冷淡、漠视的态度，以一种孤立化和隔阂化的状态对待社会上的人际道德关系，是一种非健康的道德状态。当前，我国在追求现代化的过程中一些道德冷漠问题暴露出来。处在开放环境中的大学生，难免受到道德心理和行为上的影响。中国特色社会主义进入新时代，大学生是未来为人民创造美好生活的主力军，高校应培养他们的道德责任感和道德荣辱观，提高大学生的整体道德素质，创造和谐校园环境。

（三）青年信仰存在世俗化、功利化倾向

青年在以物质为基础的生活条件下，增加了对经济利益和权利的渴望，一些人往往更注重对物质利益的追求，把市场价值的获得和个人需求的满足作为人生信条，出现不良心理。我国仍处于重要的战略机遇期和发展期，大学生作为肩负复兴重任的一代人，他们是否有正确的信仰决定着未来新时代的走向。高校在教育中应该以"立德"为根本，在学习和生活中对学生进行思想引领，实时关注纠正大学生的不良道德行为，引导他们形成正确的信仰体系。

（四）"重智轻德"现象依然存在

当前社会竞争日益加剧。不论是家长还是学校，往往通过各种方法强化学生的能力，单一地认为知识是核心竞争力，导致道德教育不足。高等教育阶段，是大学生在经历小学、初中、高中后的全新教育阶段，应及时更新德育观念、建立"以德为首，德智并重"的教育理念、转换"唯分数、唯升学、唯文凭"的评价标准，高校在培养出高素质人才的基础上才能实现建设世界一流学科和一流高校的目标。

三、高质量完成新时代高校立德树人的目标与使命

新时代，教育特别是高等教育具有重要的战略定位。教育现代化是教育发展的总方向，教育强国是总目标，立德树人是总任务。为高质量地实现立德树人这一目标和使命，各高校都要坚持因势而新、因时而进的理念，多角度、多方位地保证立德树人目标与教育实践相得益彰。

（一）创新家庭、学校、社会、政府联动的教育机制

家庭、学校、社会和政府是培养新时代大学生良好德行的重要场所。家庭作为大学生接受道德教育的课堂，家长的一言一行都影响着他们的品德养成，因此家长要树立正确的成才观，逐渐转变过去"重智轻德"的思想观念，担起对新时代大学生进行品德教育的责任，提高与老师和学校交流的频率，以科学的教育方法提升家庭德育品质。高校是大学生道德教育的主阵地，要坚决把道德融入各教育体系中，特别要主动加强与家庭、社会和政府的联系，提高德育工作的针对性和实效性。德育作为社会发展的构成体，社会各部门应

该统一规划、分工协作、统筹协调各类资源支持学校和家庭的德育工作，发挥优势创造和谐德育环境。教育是一个民族的根本事业，政府作为社会管理机关，要加大对教育事业的支持力度，减轻家庭、学校的压力，为道德教育的托底工作提供保障。

（二）进一步推进新时代高校师德师风建设

"没有什么事情能像榜样这么温和又深刻地打进人们的心里……做导师的人便应当具有良好的教养，随人、随时、随地都有适当的举止与礼貌"。教师是道德教育的践行者，是实现立德树人目标的建设者。不论是高校还是教师都理应把牢教师应有的道德方向，为新时代德育的发展提供保障。一是教师要以德立身，存养本心。"种树者必培其根，种德者必养齐心。欲树之长，必于始生时删其繁枝；欲德之盛，必于始学时去夫外好"。新时代教师作为教书育人的引导者，在提高自身德行的同时立足了对新青年道德的培养，做品格之师、精神之师。二是高校在管理规范中形成师德师风专项制度建设。各高校从招聘引进到考核评价、引导监督都要进行全方位的审核，严格规范教师的道德品行，落实师德师风标准，完善监督机制。三是营造尊师重道的社会氛围。从多方面推进对学生的尊师教育，重塑学生价值体系，联合新媒体等多渠道传递高校教师正能量，以良好的社会氛围助推高校师德师风建设。

（三）进一步加强高校思想政治教育建设

"百年大计，教育为本"，新时代立德树人作为思想政治教育的中心工作。面对传统德育形式概念化和空洞化的问题，加快思想政治教育学科改革势在必行。一是明确教育目标，制订思想政治教育专项发展方案。思想政治教育是一项长期性的基础工程，各高校都应该根据学校特色专业和课程制订施行方案，定期考察学习借鉴其他高校教育方案。二是发挥互联网和新媒体平台优势，精准研判学生思想动态。如今互联网和新媒体日渐发展，大学生成为互联网和新媒体的主要使用者，因此高校要抓牢大学生意识形态，以现代化的手段为教师和学生提供平等对话的机会，跟踪热点，分析形势，丰富课堂内容，创新教学形式，用互联网的"虚拟"力量完善大学生的道德价值结构。三是实现理论与实践的结合。高校一直关注如何增强思想政治教育亲和力和实效性的问题。高校可以通过开展丰富有趣的理论课指导、组织爱国主义教育活动、组建理论宣讲团等增强高校学生的参与感。

第三节　高校教育中立德树人的实现方法

对一个国家的建设和发展而言，教育相当重要。在人的成长阶段中，人的品格和思想道德修养起着主要作用，因此德育就在教育中被重视起来，成了教育的灵魂。立德树人关系到中国的发展和民族复兴，是民族进步、社会发展的基础。本节从德育出发，分析了德育的理论内涵，提出了立德树人的方法，为高校培养人才提供了相关可借鉴的方法。

一、强化高校教师师德师风建设

要有科学的教育理念。高校教师在教学之前要保证自己有充足的理论知识和实践经验，注重以身示范，再结合课程性质和内容进行一定的更改和灵活教学。在课程中传播先进文化，坚定爱党敬党的信念，才可以承担教育学生、指导学生的责任。教师的职责是教书育人，教育承担着教育强国的职责，新时代背景下要求教师根据中国特色社会主义理想信念，培养社会主义核心价值观的时代新人，坚持"四个统一"，为莘莘学子在学习道路上打好基础，贡献自己的一份力量。

要有积极的榜样力量。"具有崇高的道德理想和道德境界、高尚的道德人格和道德品质、富有道德魅力和道德吸引力"。学生在学校学习阶段，接触最多的便是老师，老师的言行影响着学生，正确的行为指导学生形成积极的心态。榜样的力量对学生形成正确的价值观念产生重要影响，促进学生良好品德形成。高校教师举止风度、为人师表的为师态度，诲人不倦的教育手段，爱岗、爱护学生的职业观念，都在启迪学生、引导学生展现积极的人格力量。

教师要有道德素质。教师道德素质在建立过程中要注意引导教师自觉履行并遵守岗位职责，理论指导和实际经验相结合，思想与行为相一致，在教学中规范、全心投入；在教育活动中细心组织各种积极活动，培养优秀品格；在科研上努力钻研、刻苦研究；管理中遵守规则制度，严守底线、言行文明、作风优良；为人处世要诚实守信、真诚待人；教师自身要谨言慎行、以身作则，用正确的道德价值观念，引导学生形成正确的道德观。

二、增强高校德育工作规划性

强化教学目标。要做到以马克思主义为科学的理论指导，教师有丰富的马列知识，有合乎规律的认识，学生要用心学习马列知识，用马列原理指导学习知识、提升实践技能。要注重培养和弘扬社会主义核心价值观，加强文化自信教育，增强师生价值认同感。在高校教育中，通过课程教学与实践相结合、制度保障和舆论宣传等方法将社会主义核心价值观内化于心，外化于行，提升高校思想道德基础建设。学校是学生成才的地方，高校应该注意校园建设，要加强建设优良的学风、校风，建设文化氛围，挖掘校园校规校训，将学校精神与教育相结合，有助于学生养成浓厚的学习氛围。

建设教师思想政治工作体系。要注意培养老师的专业化，要采取相关措施，对老师实现专业化培养。对教师加强职业道德教育，为培养风气正文化正的老师把好第一关；建立奖励和惩罚机制，加强对教师的管理，制定考核评价体系，规范教师的德行；身为教师要了解国情、国家状态和自身责任，结合实际开展教学活动，更好地为国家培养人才；要引导高校教师"坚持教育和育人相统一，坚持言传和身教相统一，坚持潜心问道和关注社会相统一，坚持学术自由和学术规范相统一"，引导教师承担教书育人的责任。

学校要发挥思想政治课的主渠道作用。首先，思政课在开设时要注意根据学生的特点，引导学生从马克思主义理论出发，思考现实相关的问题。通过课堂训练，引导学生对教材产生自己的思考与判断，进而培养学生的逻辑能力，达到对马克思主义理论体系的认知。其次，高校思想政治教育工作中要科学把握马克思主义理论，了解当前时代潮流，全面了解认识中国特色社会主义发展规律，在教学中要把握规律。再次，在教学方法上，可以运用线上线下相结合，善于发挥互联网的作用，增强吸引力，创新教学方法，可以增强学生的注意力、获取丰富的知识。最后，将思想政治教育课同其他课程相结合进行教学。高校在设置课程时可以根据课程的性质和相关内容，开展灵活的教育，促进学生养成道德观念。

三、高校要注重人才培养

增强学生的思想政治觉悟。习近平总书记指出，"思想政治工作从根本上说是做人的工作，必须围绕学生、关照学生、服务学生，不断提高学生思想水平、政治觉悟、道德品质、文化素养，让学生成为德才兼备、全面发展的人才"。高校在提高大学生思想政治素养上，要坚持"四个认识"，要认识到国际趋势和国家现状，才能肩负起责任，完成自己的使命；要坚持"六个下功夫"，其指明当代大学生应有的基本素质和特征，表明党和国家对大学生成才的希望，进一步加强了对立德树人的目标追求。

学校工作要自觉培养人才。现代学校，部门多，利益诉求多，但是学校的中心工作还是学生的教育。我国对高等教育要求的严格，实际上，就是对高质量人才的需求。高校应该针对每个学生的性格特点进行培养，使得学生都可以得到充分的发展和提升，为各行各业培养不同的人才，为我国社会主义现代化建设提供人才支撑。高校教师要时刻了解学生、及时为学生解决问题，高校要把握办学目标、确保立德树人根本任务的贯彻和落实。

学校要强化学生的主动性。主动性是指人的主体活动是在自由主动的条件下进行的。大学生只有主动认识到了立德树人的重要性，才有可能自觉自发地学习和掌握理论知识，并自觉运用，自觉增强自己的道德意识和道德能力。高校教师在培养学生自觉性时，要注意将专业理论知识和道德素质结合到一起，使学生不仅掌握知识技能也提高对道德情感的认识。课余时间，老师应该主动了解学生的需求，帮助学生解决学习上、生活上的难题。通过班干部和优秀学生的带头作用，敦促学生形成良好的自我约束力，从而进行自我管理、自我学习，养成良好的学习风气。帮助学生养成积极的学习态度和健康向上的生活态度，在生活中履行自己的责任。

四、高校要坚持党的领导

要确定政治责任。中国特色社会主义高校在办学时要明确办学方向，要走中国特色社会主义教育之路，要有正确的指导，即始终跟随中国共产党的领导。社会主义的本质决定了我们要倡导社会主义道德，要坚守社会主义道德体系；在理论上，要始终跟随马克思主义理论的科学指导，在学生成长教育过程中养成科学思维能力，培养符合时代特色的时代新人；把党的全面领导与高校办学方向相结合，在党的指导和带领下，进行符合中国国情的教育，在中华优秀传统文化的底蕴上发展教育，培养德智体美劳全方位发展的人才。

高校党委要充分重视育人的职责。要充分发挥党组织对全方位育人的职责，将育人工作与党建工作联系起来。新时代对大学生的要求也在提升，不仅要求大学生掌握书本上的知识，也要求大学生掌握时政知识，做好新时代的领路人；高校各部门协作，共同育人，将学生德育工作作为工作重心，注重培养健康思想；教师与学生要增强相互的联系，相处和谐共同提升自我，从而创造教师和学生双方共同发展、协同进步的局面；学校基层组织建设也要重视德育建设，要多加利用工会、共青团、学生会等校园团体，带动学生学习、组织学生参与相关党建活动；建设监督评价机制，全面从严治党，建设奖惩机制和监督体制，以严格的要求，促进人的发展，高要求才能促进人对自己提出高准则，促进形成好的风气。

立德树人成为教育在全面深化改革中一个重大变革，带动教育更好、更快地发展，促进教育朝着健康向上的方向发展。新时代高校教育应重视立德树人，教师是学生成才的领路人，教师的模范带头作用会深深影响学生的思想和品格；要以高校德育工作为核心，高校应加强对学生的德育，培养社会主义道德观念，为社会主义服务、培养社会主义时代新人；要以高校培养优秀人才为动力，培养社会主义需要的人才，为中国的发展提供人才力量；要以党的领导为保证，坚持社会主义办学方向，使培养的人才具有社会主义精神内涵，具有社会主义政治特征，更好地为我国的国家繁荣、民族复兴和社会发展提供适合、符合中国特色社会主义道路的人才，推进我国教育出现新局面。

第四节　高校文化立德树人的育人功能

在教育兴国理念的指导下，习近平总书记在多次大会中强调，要将立德树人作为检验教育工作的重要指标，以立德为基础、以树人为核心，为社会主义发展培养高素质的接班人和建设者。高等教育作为我国教育体系的关键组成部分，文化是高校的立足之本和校园之魂，以育人为导向建设高校文化，是我国社会发展和经济建设的迫切需求，同时也是落实育人任务的关键渠道。因此，高校需要给予文化建设以高度重视，以立德树人为中心环节，加速文化的交流与沟通、创新与传承，充分体现高校文化的育人价值。

一、高校文化的育人原则

想要充分发挥和体现高校文化的育人价值，需要有机整合行为文化、环境文化、制度文化以及学科文化等资源，以立德树人为重要指向和基本原则。

（一）行为文化

行为文化属于一种高校服务文化，其主要体现在生活服务、行政服务以及教学服务等方面，是高校实现育人价值的关键渠道。行为文化可以充分体现高校的育人理念和育人价值，将服务职能以实际行为展示给学生和社会，是实践立德树人的关键抓手。

（二）环境文化

环境文化包含高校的景观布置、校园环境、文化景观、物质景观以及各种仪式等要素，承载的文化元素和精神元素具有较大的教育价值。环境文化充分体现了一所高校的品格特征、环境特色、办学风格和历史景象，是高校进行情感陶冶和价值引领的宝贵资源，同时也是立德树人的主要方式。

（三）制度文化

制度文化主要是指高校在教学和管理中逐渐形成的价值约束和行为规范，是规范师生思想和行为的基本保障。制度文化可以维护高校的校园和教学秩序，保证高校的管理秩序、学习秩序以及教学秩序稳定化和正常化。制度文化利用相关的准则、条例和规章，规范师生的实践行为和思想认知，进而确保各项育人工作的有序和顺畅开展，是建立立德树人的机制保障。

（四）学科文化

学科文化作为高校教学体系和文化体系的关键部分，与人才培养质量具有密切关系，是学科建设的重要方向和精神指引，突出体现了高校育人价值。学科文化利用专业知识熏陶和感染学生，进而达到育人教书的目的，利用学生的专业素养和文化内涵体现高校专业的建设方向和特色优势，对育人观念、科学研究和人才培养影响深远，并且从学科专业角度体现了高校的办学取向和育人传统。

二、高校文化主要构成要素

高校是我国人才培养的重要基地，承担着文化兴国、教学育人的使命，以高校文化作为实现立德树人的载体，进而为国家发展和民族昌盛贡献力量。高校文化主要构成要素包括三点：第一，物质文化，其包括高校的硬件设施、文化环境和校园环境，其以物质为教育载体，是构建校园文化的物质基础；第二，制度文化，包含高校的所有行为规范和规章制度，是发展高校文化的制度基础；第三，观念文化，是指所有师生认可并且遵循的学风、校风、价值观、世界观以及文化观，是高校开展文化建设的指导思路。

高校文化还包含文化主体与文化客体，其中文化主体主要包含教学活动、宿舍、班级、课堂、管理组织、学生和教师；文化客体包含隐性标标识和显性景观，主体与客体共同组成了内容丰富、层次多样的高校文化，充分体现了高校的时代性、先进性和文化性。

从高校文化育人角度分析，其主要由行为文化、环境文化、制度文化和学科文化共同构成，其中行为文化和环境文化作为隐性育人资源，具有内化功能和展示功能，可以帮助高校实现育人价值。制度文化和学科文化作为显性育人资源，具有规范保障和传递知识的功能，可以帮助高校实现管理育人和教书育人的价值。

综合分析，高校文化在长期的发展和建设中，其文化形态呈现多元化和复合化趋势，是在全体师生共同努力下，普遍认可和遵循的价值标准和基本观念，承载了高校的行为规范和价值观念，具有开放性、多元化的特点。同时，高校文化由科研创造力、学术实力、学科特色、环境文化、历史、校规、校训共同孕育而成，是高校政治引领、价值传送、信仰塑造的重要载体，充分体现了一所高校的软实力，并且代表了高校的办学理念和治校理念。

三、优化高校文化立德树人育人功能的相关策略

（一）加强精神引领

建设高校文化要注重加强精神引领，处理好学生信仰与大学精神、文化创新与历史继承、办学治校与文化建设的关系，汲取和提炼高校文化中的人文精神和科学精神。首先，文化建设要以"育才"和"育人"为立足点，展示高校文化的多元性，不断丰富德育内容，多样式、多渠道地展示高校的办学特色、整体面貌和精神价值。其次，高校要积极营造良好的精神引领氛围，注重扩大高校文化的影响力，将追求价值、培育精神和树立理想作为精神引领的着力点，在发扬高校文化品质和办学精神的同时，不断吸收先进的思想精华和办学理念，丰富高校文化体系。最后，通过系统性、多元化的文化建设，发挥高校立德树人的教育意义和育人功能，培养学生的使命感和责任心，实现文化的创新与传承。

（二）提升文化自信

提升文化自信是立德树人的前提，高校在开展文化建设中，需要以立德树人为最终目标，提升自身的使命感和政治站位，以文化育人为建设导向，进而发挥高校文化的育人价值。首先，要通过形式多样的文化活动，将文化理念印记在师生的日常学习与生活中，促使广大师生加入文化育人和文化创新中。其次，要提升对文化自信的认识，通过有效的途径宣传高校文化，创新形式、聚焦校园，打造高水准、高品质的文化内容，全面贯彻立德树人的育人任务，为人才培养奠定文化基础。最后，高校要在把握办学方向的基础上，以社会主义价值观为核心，积极引领和创新流行文化与校园文化，将有害文化拒绝在校园外，为立德树人提供精神支撑。

（三）彰显品牌特色

打造高校文化品牌是一项复杂的系统工程，需要整体谋划、立足长远、着眼全局，将品牌建设纳入高校总体发展规划中，提升高校文化的辐射力和吸引力，进而发挥立德树人效应。首先，在打造文化品牌中，要注重发挥高校的学科优势和文化优势，在社会范围内赢得认可。其次，要将文化建设与校园设施充分结合，建造特色鲜明、识别性高的文化景

观，进而展示高校的精神文化、价值观念和办学理念。最后，要树立造福人民、服务社会、培育人才的文化建设理念，扩大文化建设的参与度和覆盖面，增强立德树人的教育性、思想性和先进性。

（四）完善制度规范

建设高校文化需要以制度作为保障，首先，高校要结合自身办学实际构建制度规范，保证制度的系统性、引领性和科学性，为发挥高校文化的育人价值创设良好环境。其次，要注重对各项教育资源的挖掘整合，创新制度建设体系，将管理层次性和制度系统性充分融合，打造规范严谨的制度体系。最后，高校领导要发挥带头作用，多方互动协调，构建全方位、全覆盖的德育网络。

（五）加强校园建设

首先，校园文化要紧扣立德树人的内涵，实现自然景观和文化景观的科学搭配，规范建造流程和设计规划，发挥校园的环境优势和人文优势，为师生创设高雅而富有内涵的校园环境。其次，文化建设要积极吸取优秀的外来文化，将外来文化和传统文化有机结合，打造文化展示宣传平台，创设立德树人的校园氛围。最后，要综合考虑高校改革和历史传统的关系，加强综合设计、规范整体管理，突出校园的育人价值。

总而言之，随着时代的发展，立德树人是高校育人的重要任务，各大高校需要发挥自身的文化优势，将立德树人作为育人目标，挖掘以及整合育人资源，将立德树人抓出实效、落到实处。

第五节　高校立德树人工作机制

党的十八大报告提出要把立德树人作为教育的根本任务，这一论述对道德教育有了新的定位。对高校来说，要实现这一根本任务，就要将其放在整体中，从德育工作的现实境遇着手，从宏观和微观环境两方面剖析制约高校开展德育工作因素。本节分条析理，对当前有效开展立德树人工作的机制提出新的设想，从德育理念、校园文化、德育体系等方面提出构建良好的德育环境。

党的十八大报告指出："把立德树人作为教育的根本任务，培养德智体美全面发展的社会主义建设者和接班人。""立德树人"有两层含义，"立德"意味着树立高尚的品德，"树人"意味着培养人才，使人成才。这一论述阐述了高校最重要、最核心的职能，即培养德才兼备、全面发展的社会栋梁。人才的培养重在"立德"，衡量高等教育质量的标准应该归结为立德树人根本任务完成的情况。当前高校实施立德树人的根本任务面临很多现实的问题，只有对高校开展德育建设的环境和内在要素进行剖析，才能促进学生的全面发展。

一、当前影响立德树人目标实现的因素剖析

随着中国改革开放的深入，人们的思想道德观念和价值取向更多元化，"这种多元的文化价值观念容易使世界观、人生观、价值观尚未完全形成的大学生产生无所适从的感觉，使价值选择更困难，从而陷入道德相对主义，产生此亦对、彼亦对的想法，否认辨别道德是非的必要"。高校面对这些成长在社会转型期的大学生，德育建设依然停在传统的德育体系和评价方式层面。当前，社会进入改革攻坚期，两极分化现象严重，社会矛盾纷繁复杂，就高校而言，立德树人根本任务的实现受多方面因素的影响。

（一）高校在立德树人理念上有所偏离

德育理念是学校建设与发展的核心部分，当前一些学校的德育理念往往针对性不强，对于培养什么样的人没有清晰的表述，这种普遍式的口号往往不能对教师起到重视进而践行的作用。普遍看来，高校领导们都非常注重德育对学生成才的重要作用，但是学校领导干部又不得不放更多的精力在科研、学科建设、实验室和项目上。这就造成德育理念不能很好地内化，口号和行动之间存在一定的差距。

（二）高校立德树人忽视了对主体和对象的关注

德育主体是德育活动的发起者和推动者，因此教师在德育过程中起主导作用。要很好地实现育人的目标，德育主体应该具有良好的德育修养、德育意识和教育能力。但现实情况是：教师的业绩主要体现在科研成果上，教师的主人翁意识不强。对于作为德育对象的大学生来说，相比九十年代以前，生长在市场经济体制下的大学生的主体意识、权利意识、法律意识和竞争意识增强，但享乐主义、拜金主义倾向有所抬头，规范意识和诚信意识有待增强。高校德育树人过于强调认知教育，没有客观分析他们的个性特点，因材施教。

（三）网络阅读影响学生形成健全的人格

互联网的普及形成信息全球化，大学生借助网络获取信息更迅捷，手机上网非常普遍。但网上信息良莠不齐，对大学生思想的侵蚀作用不可轻视。在网上大量浏览信息，使得他们不再阅读经典著作，注意力分散，不能透过现象看本质，只是附和而不去思考。过于依赖网络甚至会形成网瘾，造成心理疾病。

（四）德育理论研究滞后于现实境遇

德育理论的研究远远不能适应时代发展的要求，虽然国外有许多德育思想理论，但缺乏实际操作性，造成一些高校立德树人困境，表现为对许多社会不良现象不能及时抵制，对实践中需要解决的问题未能有针对性的说明和论证，对享乐主义、拜金主义思潮不能进行有说服力的评判和引导。现实生活中一些情境虽然稍纵即逝，但仍需要给予分析指导，使道德理论与社会发展相配合。

（五）德育管理制度不健全

目前在一些学校，教学的地位明显高于德育，教育仍然以应试为主；学校对于德育工作的处理往往以偏向管理型，重在约束学生，以防学生出事，这就造成学生对于德育工作存在对立情绪，难以达到好的教育效果。另外，一些高校对于全员育人贯彻不够，辅导员事务多、责任大，而一般教师对学生了解不够、人文关怀少。教师普遍认为，德育是辅导员或班主任的事，并不认为是所有教职工共同的职责。

二、构建立德树人实现的有效机制

（一）更新德育理念，凸显立德树人的重要地位

好的德育理念应体现学校的办学特色和培养目标，根据本校的情况凝练德育理念，并通过多种渠道宣传学校的德育理念。我们应把以人为本的理念引入德育教育理念中，把握学生的思想动态和诉求，以学生的精神需求和内心矛盾为切入点，对社会思潮审时度势，对现实中出现的德育问题及时给予应对和解答，有效地引领社会思潮。

（二）重视校园文化建设，构筑良好的育人环境

大学校园文化是由它的传统作风和育人特色积淀下的，校园文化是大学的风骨，体现一个学校的软实力。校园文化包括物质文化、精神文化和制度文化等。物质文化是开展学校德育工作的基础，和谐优美的校园环境可以陶冶情操，提升品位。校园里激发师生奋进的校训、温馨提示标语、宣传栏等文化设施，将无形的文化理念寓于有形的校园环境之中，使学生受到真善美的熏陶。高校的精神文化彰显学校的内涵，体现一个学校的校风和内涵。只有幸福的教师才能教出幸福的学生，教师乐观积极的心态，以及对幸福的理解和感同身受，对学生有潜移默化的影响。高校应关注师生的精神世界和心理，着力改善师生的物质生活条件，加强师德修养，使教师淡泊名利，自觉践行社会主义核心价值观。高校作为教育机构，其各项组织管理制度都应该为教育的目标服务，各部门的工作应与教学和人才培养协调发展。因此，要进一步完善加强德育工作的政策措施，使德育工作相关制度与法律法规相协调，与学生成长成才需要相适应，与学校教育教学管理制度有机结合，形成人性化管理。

（三）建立合理的德育评价体系

道德的形成包括三个部分：道德认识、道德体验和道德行为。具体指标可分为道德品质、日常行为和遵守规范的情况。高校办学应改变现有的质量评价体系，采取多元评价，立德树人根本任务的考核指标占有适当的比重；将德育评价指标分为不同层次，对德育工作水平进行量化考核。同时，把立德树人的成效纳入教师的德育工作考核评价制度和表彰奖励制度，优秀教师的评定、先进集体的评选都要把立德树人的成效作为重要的依据。

（四）整合力量，形成德育工作新系统

高校党委要统一领导，党政齐抓共管，思政部、学生处、关工委多方面协调互动，依托学校党政工团干部、思想品德课教师、心理健康教育教师、班主任等为主的德育骨干队伍，形成全方位的德育网络，共同参与德育工作。同时，加强网络文化建设和管理，把握好立德树人的网络载体，优化网络舆论环境，使思想道德教育进入网络、微博和微信，使网上信息和实际工作格局协调同步。

（五）把握立德树人的重要渠道，提高德育课程的有效性

在高校的德育开展过程中，德育课程无疑是开展德育教育的主要载体，目标是价值观的形成。而当前的德育课程以知识传授为主，教育教学方式死板机械，在学校的地位不高。高校应注重采取师生喜闻乐见的形式，把社会主义核心价值体系融入校园文化宣传之中，使正确的思想理论、价值理念贴近生活、贴近实际、贴近师生，把思想引领工作渗透到学校生活的各个方面、各个环节。同时，加强对德育工作全局性、前瞻性问题及现实问题的研究，得出有价值、有分量的研究成果，提高德育工作的水平。

古往今来，凡成大事者无不具有高尚的道德修养和作风品行，立德树人是人生追求的至高境界，中华民族的传统美德还需代代延续下去。高校承担着培养国家建设者和接班人的神圣使命，必须切实做好大学生的德育工作，提高大学生的道德认知水平，最终引导学生做出合乎社会主义核心价值观的道德行为。

第六节　立德树人与高校全方位育人

以立德树人作为出发点，从加强组织领导、健全育人队伍、优化育人环境、拓宽育人途径、规范评价机制五个方面对高校全方位育人策略进行研究，以期增加德育工作的实效性，切实提高新时期大学生的思想政治素质，培养大学生成为合格的中国特色社会主义事业的建设者和接班人。

一、"立德树人"视域下高校全方位育人的内容体系

习近平总书记在全国高校思想政治工作会议上的重要讲话中强调要坚持把"立德树人"作为中心环节，把思想政治工作贯穿教育教学全过程，实现全方位育人、全程育人和全员育人，努力开创我国高等教育事业发展新局面。其中，全方位育人是一个重要的环节，是指充分运用多种手段、方法、载体，调动各方面力量，不仅要抓住"课堂教育"的主阵地，而且利用丰富的第二课堂以及和学生息息相关的学生活动、学生工作，将对学生的思想政治道德教育渗透到学校工作的方方面面，充分发挥"教学育人""管理育人""服务育人"的作用。

二、"立德树人"视域下实现高校全方位育人的意义

大学生正处于人生发展的关键时期，尚未形成成熟的人生观和价值观，容易受到不良思潮的影响，因此必须对学生加以正确引导，做好大学生的思想政治教育工作，以实现"立德树人"的最终目标。大力推进高校全方位育人，将思政政治教育贯穿育人的全过程，可以更好地实现这一重要而紧迫的战略任务，培养德智体美劳全面发展的社会主义建设者和接班人。全面育人是由多个育人途径形成的有机整体，育人途径之间既相互影响又相互贯通，忽视任何一方都会对育人效果产生不利影响。通过全方位育人，形成全面育人格局，调动各方力量，整合有效资源，同时根据时代发展对人才需求的不断变化，创新育人机制，为德育工作的顺利开展提供有力支持，增加育人工作的实效性。

三、"立德树人"视域下高校全方位育人策略

（一）加强组织领导

全方位育人是一项系统性、长期性、立体性的工作，需要高校各部门教育合力，以保证育人工作的顺利推进。因此，高校应建设一个以党委为领导的高素质、高水平的领导集体，统筹协调，整合全校资源，形成资源合力，有效地统领学校各部门的德育工作，充分发挥专业教师、学生工作人员、行政管理人员、后勤管理人员的作用，确保各项工作措施落到实处。

（二）健全育人队伍

1.坚持教师"教书育人"的主导地位

思想政治课堂教育是对学生进行思想政治教育最直接的途径，思政课教师，在高校德育工作中发挥主导作用。为了保证教育教学成果，专业教师应该不断提高自身专业技术水平，加强理论学习，创新教学手段方法，培养学生学习兴趣，让学生能够主动投入到思想政治理论的学习中去。此外，不断加强自身道德修养，为学生树立榜样，通过言传身教，帮助大学生树立正确的人生观、价值观、世界观。

2.发挥学生管理人员的"管理育人"作用

辅导员、班主任等一线学生管理人员在学生思想品德教育中发挥骨干作用。通过对学生的日常管理，把有效的思想政治教育渗透到学生学习、生活的方方面面。根据大学生在不同年级阶段面临的实际问题以及学生成长规律，在每一学期制订不同的计划，借助班会、校园文化活动、校外实践、志愿者活动等多种途径，对学生进行思想政治品德教育。将思想政治教育和解决学生的实际困难相结合，增强教育的针对性和实效性。

3.挖掘后勤人员的"服务育人"作用

充分挖掘后勤管理的服务育人作用，利用后勤资源，全方位、多维度地向大学生传递

正能量。通过开展学生公寓、食堂、物业各方面工作，保证健康饮食、和谐宿舍、安全校园，为思想政治道德教育工作的顺利实施提供服务、创造条件。同时通过规范化、人性化的管理和服务，传达爱岗敬业、无私奉献的精神品质，达到润物细无声的效果。

4. 引导学生"自我教育、自我管理、自我服务"

引导学生树立主人公意识，主动参与到学生教育、管理、服务中来。在老师的带领下，充分发挥学生会、党团组织、学生社团的先锋带头作用，逐渐实现班级自我管理，让学生由被动变主动，调动学生的积极性，同时在实践过程中，将思想内化为自己的行为，提升自身综合素质。

（三）优化育人环境

"德育环境指影响人的思想政治道德素质形成，发展和人的德育活动的一切外部因素的总和"。校园环境不仅包括校园设施，也包括校园文化氛围。健康和谐的校园环境为高校大学生成长成才提供保障。首先，应该给大学生提供一个方便、舒适的校园环境，创造必要的硬件条件。其次，加强校园文化的建设。通过在学生中开展诚信教育、纪律教育等促进学风考风建设，打造良好的学习氛围；在教师中开展师德师风建设，坚持教书和育人相结合，引导广大教师以德立身、以德立学、以德施教，为育人环境提供保障；开展心理健康教育，提高大学生心理素质，维护和谐稳定的校园环境。通过育人环境的优化，将思想政治道德教育渗透到学生的日常生活中去，以润物细无声的方式达到育人的目的。

（四）拓宽育人途径

随着时代的发展，高校德育教育的途径不断拓宽，教育模式不断创新，对学生的教育也从课上发展到课下，从生活中发展到网络里。必须不断强化教育机制，保证协同发展，才能更好地实现育人目的。

1. 坚持课堂教育为主

课堂是思想政治教育的主要阵地，因此，应该重点加强思政课程建设。首先，应该加大教学方式改革创新。改变传统的填鸭式教育，让学生更多地融入课堂中，形成互动型教学，增强教育实效。同时，顺应"互联网＋"的新模式，打造线上精品课堂、微课、慕课等，增强对学生的吸引力。除此以外，定期开展道德讲堂、法制讲座等，拓宽课堂教育的形式。

2. 拓宽课外实践渠道

高校思政政治教育工作不仅要抓住"课堂教育"的主阵地，同时要充分利用各种实践机会，让学生们在参与的过程中加深对所学理论知识的理解。开展校园文化活动，主题教育活动，让学生接受通过开展志愿者活动，如扶贫支教、到养老院慰问等，培养学生无私奉献、艰苦奋斗的精神；参观爱国主义教育基地，带领学生学习革命历史传统，对学生进行爱国主义现场教育。

3. 巩固网络德育阵地

坚持以社会主义核心价值观为引领，巩固网络阵地，对学生进行思想政治教育，弘扬主旋律，传播正能量。通过搭建校园网络平台，发布思想政治工作相关的重要会议精神、讲话内容，引导学生进行学习，对学生进行正面引导，形成正确的价值导向；培养和挖掘校园网络意见领袖，把握网络话语权，营造健康、正面、理性的网络环境；借助多种互联网平台，对学生进行思想政治教育，拓宽教育路径，增强教育实效。

（五）规范评价机制

首先要明确评价范围，既要包括对学生的德育评价，又要包括对全体高校教育工作者的工作评价，真正做到全员参与。其次确定评价内容，建立科学合理的评价体系，进一步明确高校教育工作者的职责分工。此外应该针对评价结果，实施相应的奖惩措施。规范评价机制，对于学生而言，我们可以通过评价全面掌握学生的思想政治品德表现及其发展水平。对于高校教育工作者而言，一方面对高校教育工作者起到监督作用，另一方面得到对育人效果的反馈，根据反馈结果进行针对性的改进。

第七节　立德树人与高校学生管理

德育为教育之本，是当前高校工作的首要任务。在党的十八大报告中就提出了关于对高校管理的要求，要求把"立德树人作为教育的根本任务"。立德树人理念的提出为当前的高校学生管理工作指明了管理方向，也是高校实现进一步发展的必然要求。在高校中，对学生的工作主要内容就是高校管理工作，主要是对学生进行规范，维护高校的正常教学秩序，对学生进行正确引导，维护校园的稳定，为学生全面发展做准备。本节首先简要介绍了立德树人与高校管理的基本概念，接着阐述了高校学生管理工作坚持立德树人理念的必要性，其次分析了高校学生管理工作的困境，最后针对问题提出解决策略。

高校的教育始终要坚持以人为本，始终把育人作为其教育的最终目的。立德树人的根本理念就是帮助学生树立正确的价值观，让学生的思想品德和能力得到培养，以便更好地提升学生的思想道德素养，让学生发展成为德智体美劳全面发展的人才，在以后的人生道路上越走越远，把祖国的传统文化发扬光大，形成自己的品格，做合格的社会主义接班人。高校管理的主要理念也是帮助学生树立积极的信念，让学生形成正确的思想道德观和远大的理想，以便更好地满足社会需求，为我国社会主义建设添砖加瓦。

一、立德树人与高校管理的相关概述

（一）立德树人的相关概述

关于德育的演化过程。德在每个时期都有每个时期的标准，演化迅速，每个时期都受到教育者的关注。在古代学校就很重视德，德育就是德与智、义与利的分割，这种关于德育的分割体现了古代的封建性和保守性，让德育的发展陷入了一种脱离生活实际的内在修为，从根本上说是对人的施加。到了新中国，德育有了质的发展，设立了关于德育的目标、内容、方法等，并应用于教育中。到了十八大，就提出的"立德树人是发展教育的根本"，是弘扬民族文化精神的体现，是当代高效管理的标准。

立德树人的内涵。立德顾名思义就是让人树立良好的思想道德，"立德树人"主要就是以德立人，树人以德。"立德树人"中的"德"主要指的是人的品德和能力，还包括人的人生观以及价值观，主要是一个人综合素质的体现。"立德树人"中的"人"，主要指的是培养具有德智体美劳全面发展的社会主义接班人。在高校中对学生的管理中，教师应该以身作则，用自己的行动来感化学生，引导学生树立正确的人生观和价值观，让学生认识到思想道德素质的重要性，让学生树立正确的人生信念，有高尚的道德情操，成为有正义感、有责任心、有担当的人，让学生有远大的理想，形成正确的价值观。

（二）高效学生管理内涵

高校学生管理主要是指对学生的行政管理和思想管理。对学生的行政管理主要是指学生的生活上的管理和学习上的管理。生活上主要包括对学生宿舍的管理，还包括对学生生活各项管理工作的工作安排，主要是一些关于对学生成绩考核、奖惩制度、招生计划、学生的就业以及学生文凭的管理工作。高校对学生思想管理主要是指学生的思想政治教育。让学生在思想上、道德上、心理素质上都有所提高，为建设社会主义接班人做准备。

二、高校学生管理工作坚持立德树人理念的必要性

（一）有助于推进高校学生管理工作改革

高校的学生管理工作要想切实提高其实效性，就必须把"德"充分融入现行的学生管理体制中，坚持立德树人，坚持以高尚的道德发展作为人才培养的不朽支撑力量，把立德树人的教育理念贯彻落实到具体工作中，培养德才兼备的高素质人才。

（二）有助于提高高校学生管理服务水平

"立德树人"理念是推动与提高高校学生管理服务水平的重要力量。"立德树人"在这里就要求高校把德育教育和具体事务的管理相结合，以柔性的德育教育促进高校学生管理服务水平的极大提升。例如，在学生管理方面，为了更好地与学生进行交流与沟通，高校需要积极为学生搭建起全方位的服务平台，营造一种生校和谐的校园文化氛围，由此才能更好地掌握学生的思想与行动动向，为学生的成长提供援助力量，以更好地培育高素质人才。

（三）有利于培育全面发展的高素质人才

大学的使命在于培养知识广、技能高的综合素质人才，然而不可否认的是，高尚的道德水平要比知识与技能更为重要，因此高校的德育培养更要置于知识与技能二者之上，是高校教育之本。反之，德才兼备高素质人才的培养也是高校核心价值的重要体现。贯彻落

实"立德树人"的理念，全面提高学生的道德水平，是新时代高校德育教育的重要内容，也是社会对高校德育教育的必然要求，更是时代发展的长远诉求。

（四）是践行社会主义核心价值观的必然要求

党和国家号召我们树立起科学的社会主义核心价值观，这是我们作为中华儿女参与构建社会主义和谐社会的必要条件。社会主义核心价值观的内容涵盖国家、社会和个人全体，不但明确了立德树人理念的价值标准以及依据，更是根据时代的发展步伐赋予了"德"新的内涵。总而言之，建设富有时代新内涵的"立德树人"，是我们践行社会主义核心价值观的必然要求。

三、立德树人理念下高校学生管理工作存在的问题

（一）管理理念落后

管理人员管理理念的落后极大地限制了高校学生管理工作的科学有序进步。时代的发展给我们带来更多的民主意识，鼓励我们积极参与到各项社会活动中。然而部分高校学生工作管理者还存在"官本位"的陈旧思想，落后于日新月异的时代发展，仍然采用带有强制性的管理手段进行学生管理工作。例如，很多高校学生工作管理者忽视学生的道德发展，以维护学校的稳定为工作的出发点，一味关注事务管理，他们常常以管理者形象自居，随意向学生发号施令，与学生群体形成鲜明的管理者与被管理者的关系，严重偏离了培养德智体美全面发展人才的初衷，非常容易引起学生的逆反心理，严重影响高校有序的工作状态。再如，很多高校目前对学生的评价仍然沿用传统单一的智育标准，重视成绩轻视学生多元智能的发展。这样做无视学生的个体差异与主体地位，极大地阻碍了学生的个性发展。

（二）学生管理"强制性"突出

高校内学生数量庞大，学生个体间千差万别，每个人都有各自的特点，因此高校在学生管理工作上必须遵循因材施教的教育规律。然而目前很多高校在学生管理工作中都主要采取传统的行政手段，"强制性"突出，俨然学校管理者以一种高高在上的管理者自居。对于学生群体中出现的违反规则现象，必然会采取通报批评、警告、查看以及开除等不同程度的惩罚措施。这种种高压管制方式，严重违背了以人为本的育人理念，在忽视学生个性发展与价值实现的同时，也侵犯了学生的尊严。无疑很容易引起学生群体的反感、激发逆反情绪，从而不利于校园关系的和谐发展，影响了高素质人才的培养，影响了高校社会价值的实现。

（三）忽视全员育人

高校学生管理"立德树人"中的"人"，即是指全体学生，而非少部分的学生干部群体。但是在目前高校的现实学生管理工作中，很多辅导员都把主要的育人任务落实在了学生干部这一少数群体上。通过多种活动的锻炼，少部分学生的个人素质、实践能力等得到了很

大提高，全体学生的全员教育却被忽视了。在高校现实的互动关系中，教师管理者就是管理的主体，少数学生干部担当传达高校意愿的媒介，而占绝大比例的普通学生则成为经常被忽视的被管理者，这与"立德树人"的德育培养号召背道而驰。在这种互动模式下，全体学生的德育养成必然是不完全的，这就严重阻碍了高素质人才的培养，也就必然不利于我国的社会主义现代化建设。

（四）校园文化欠缺

校园文化是一种无形的力量，看似无形，然而不同的校园文化氛围却产生了千差万别的人才培养模式与成果。校园文化通常以校规、校训等形式展示出来，没有规矩不成方圆，没有制度约束就没有有序的常规。有凝聚力、有引导力量的校园文化，无疑对高校的人才培养形成了潜移默化的感染力。目前很多高校缺乏这种有促进意义的校园文化氛围，很多学生入学已久，却可能还不知道自己所在学校的校史、校规和校训是什么。同时，互联网技术的发展等因素也在不断地冲击着学生的思想意识、影响着他们的行为。在一个缺少主旨文化氛围熏陶的校园中，思想意识还尚未成熟的大学生很容易被社会不良风气所影响，目前高校中频发的考试作弊、诚信缺失、拜金等现象就说明了这一点。

四、立德树人理念下提升高校学生管理工作水平的路径

（一）完善工作管理制度

"立德树人"理念的落实，也正需要不断发展并完善高校的学生管理工作制度。首先，要对已有的学生管理制度进行梳理，继续实行有效的制度，对有弊端的部分进行修改完善。其次，时代发展的速度很快，高校还要结合科学的教育规律，根据学生的具体情况制定出台新的规章制度，应对立德树人理念下的学生管理工作。最后，不断巩固工作管理制度的执行力。把科学的制度落到实处，增强高校工作的实效性。要求更多的相关管理者尽力参与其中，把"立德树人"理念深入每一个人的心中，所有相关工作者积极配合，争取把这项系统的工程做好。另外，还要进一步完善相关的学生工作考核机制。其中要注意把"立德树人"作为一项重要的考核指标，并作出具体的标准。考核中，还要注意定性和定量相结合。

（二）革新工作理念

是否树立先进、科学的工作理念，决定着高校学生管理工作者的工作方向是否适当。当下相关工作者必须牢牢树立"立德树人"的科学教育理念。首先，相关管理人员应当经常与时俱进革新自己的工作理念，坚持以人为本，把人文关怀真正落到实处，把立德与树人紧密结合起来，让其相互配合，使学生管理工作有序进行。其次，改进具体的管理措施。新时期的学生有其新的发展特点，对其管理就要遵循教育规律，尊重学生的体格差异，了解学生的发展需求，用能够更贴近他们生活的方法进行管理。使学生的管理工作既有章可

循，又能够体现出管理者的人文关怀。

（三）营造浓厚的校园文化

理想信念教育是营造和谐校园文化的重要部分。首先，对学生进行理想信念教育。社会主义和谐社会下，要教育并引导学生学习马克思主义科学思想，树立正确的人生观、价值观和世界观，坚持实事求是，坚持以马克思主义科学理论指引其实践活动。其次，立德最终是要为社会树人，造就能为国家发展做贡献的有用之人。因此，高校要注意对学生进行爱国主义教育以及社会责任教育，让服务国家、服务社会、服务人民的社会责任感深入学生意识中去。只有热爱国家、热爱人民，才可能更好地为祖国、为人民服务。最后，科学开展多种形式的社会主义核心价值观实践活动，例如慈善募捐、社会志愿者等。让学生在社会实践中进一步提高自身的综合素质。

（四）创建全方位服务平台

高校的学生管理工作，实质上就是通过各部门的协调配合，服务学生的合理需求。面对新时期学生群体的新发展特点，高校可做如下努力：建立就业指导中心，通过对学生进行科学的职业教育、收集社会用人信息等多种途径帮助大学生就业；创建心理咨询与辅导平台，通过心理课程、团体辅导以及个别跟踪等方式，了解大学生的心理发展需求，缓解其压力，塑造学生健康的人格，助力合格人才的培养；保障并完善后勤生活服务，在后勤服务设施正常运行的前提下，不断更新服务理念，提高后勤服务水平，鼓励学生积极参与到学校后勤保障管理中来，为学生的学习和活动提供源源不断的保障。

现代教育理念倡导把学生的综合素质培养而非学习成绩作为教育的主要目标，而综合素质中德育的养成又是最重要的一部分。把"立德树人"作为高校学生管理工作的指导思想，有利于高校德育工作的顺利开展与高素质人才的培养。因此高校要不断深入学习立德树人理念的重要意义，真正把育人工作落在实处。

第二章 体育教育的基本理论

第一节 体育教育的问题与策略

目前，我国民众体质正在处于下滑状态，对体育的关注显得格外有意义。体育是人创造出来的一种社会存在，是以身体为基本载体，以促进人的健康和发展为目的。因此，在"以人为本"的社会下，在这样一个强调人性和人权的背景下，重新审视身体与体育教育的关系具有跨时代的意义。

一、目前体育教育中存在的问题

如今的体育教育中，出现了各种异化的现象，归其原因主要在体育观念和课程设置中。大众对体育的认识过于浅显，对体育教育的重视程度不够。目前的体育教育只是停留在对体育技能的简单传授，并没有从学生自身成长和发展的需求出发，课程设置单一、重复，直接影响到了学生对体育的爱好和热情，没有让学生形成一个对体育锻炼的喜欢和终身体育的观念。

（一）课程设置过单一

在体育课程的设置中，只有简单的几种形式。在应试教育的大背景下，一些学校只是根据考试内容进行课程设计，考试考什么，课上就教什么，课程设置过于单一，课上形式也局限于列队、队形这些常规内容，无法使学生进行全方位的锻炼和学习，参与能力和运动效果得不到提升。面对单一、枯燥的课程内容，兴趣逐渐减退，形成了学生喜欢体育，但是并不喜欢体育课这样一个尴尬的局面，进而达不到体育教育的最终目的。

（二）重视程度不够

体育课的重视度不高已经成为一个普遍存在的社会现象。体育课虽然作为课程中的必修课，但是在升学考试中的影响力相对于其他科目过低。从家庭和社会的角度上说，普遍认为孩子在校学习的目的是考试，在他们眼中体育课成为一个"不长知识"的学科，对于体育教育的思想观念落后。在学校方面，在课时、师资缺乏的时候，就经常会发生体育课让路的现象，体育设施也不够完善。现今社会，学生体育锻炼的素养普遍较低，对体育课程缺乏兴趣。

（三）教学方式不科学

体育课主要沿用的教学方式是教师示范、学生模仿的单向方式。这种教学手段过于简单，不能充分调动学生的学习兴趣以及创新精神，难以满足当今体育教育的发展。每个学生都是一个活生生的生命体，都有各自的独特性，在课堂中使用无差别的教学方式，忽视了学生的个体差异性，从而使学生缺失主体意识，不利于个体的发展。

二、体育教育具体策略

（一）营造良好的体育教育氛围

体育教育直接影响到学生的体质与健康，理应受到社会的关注。首先，加大校园体育竞赛、讲座的组织力度，提高社会各界对体育教育的关注程度，从而转变观念。其次，学校加大对体育教育的投入，其中包括师资、课时、设备等方面的内容，为体育教育营造一个良好的教学环境。最后，学生要加强体育锻炼，积极参加体育活动，充分调动学习的热情，培养科学的体育锻炼的习惯和终身体育的意识。

（二）创新教学方式

在传统的课堂中，教学方式就如同电脑中的程序一样，每节课的任务、流程、内容都会按照既定的格式输出，老师根据这些内容在课堂当中场景再现。一个更利于学生发展的教学应该是一个互相推动、互相促进的过程，而不可能完全按照规定的套路进行，在课程中可能会产生一些新的想法、新的事物，激发学生的想象力，调动起学习的主动性。体育教师乐教乐学，体育课堂设计尽量做到活泼生动，充分考虑学生的具体要求，设计符合学生身心特点的运动场地、器材，优化运动场地周边环境，并且把体育教育的内涵升华到一个新的高度，将身体、健康、生命这些理念融入体育教育之中，从而创新和优化教学方式，实现体育教育的价值，促进学生全面发展。

（三）营造宽松的课堂环境

体育教育是一门实践性非常高的课程，对课堂氛围的要求就会比较高，营造出一种愉快、轻松的课上环境就显得非常重要。学生本身是一个爱玩的群体，课程中多设计一些带有娱乐和互动性质的教学活动，用带有趣味的手段将学生引入课堂学习中来，使他们能够更深入地学习，提升自主学习能力，提高学习的效率。在课堂上充分尊重每个学生的人格，相信每一个生命体都有自己独到的想象力和创造力，打造出一个充满活力的课堂，达到一种理想的教学效果。

（四）培养生命意识

体育教育应该是以身体、健康、生命为主体的教育，通过体育教育培养生命关怀的意识，促进生命机体的优化，增强生命活力。无论在体育知识的讲解，还是在体育技能的传授上，都应该秉承对生命的关怀，使学生能够正确认识生命、感受生命，从而尊重生命、珍视生命。学生是一个差异性的存在，尊重差异，做到因材施教，使学生都能充分发展，将体育与生命紧密结合，使体育教育发挥出更大的价值。

体育是实现人类体质健康、精神自由、全面发展的一个重要手段。因此，体育教育就肩负了更多的责任。体育教育应该从体育活动和人性出发，积极调动学生的原始兴趣，创造轻松自由的学习环境，让体育成为学生的生活习惯和态度，促进全方位发展。通过完善体育教育，将体育与健康、生命联系在一起，培养一种生命意识和终身体育的意识，促进学生生命的成长和体育事业持续的发展。

（五）增加体育教学资金的投入

我国教育部门与学校应增加对小学体育教学方面资金的投入，让体育教学能够有充足的经费。从而扩建体育教学场地以及购买更多种类教学所需的体育教材，解决体育教学场地过小、体育器材不足等问题。让多班级同时使用体育教学场地出现拥挤的现象得到改善，同时，也让学生在体育课堂中练习体育器材时，避免学生与学生之间轮流使用的情况，增加学生在体育课堂中参与体育训练与锻炼的机会，激发学生对学习体育的兴趣，培养学生体育锻炼的习惯。

（六）丰富体育课堂教学内容

丰富的体育教学内容，能够激发学生对体育学习的热情，提高体育课堂效率。由于学生活泼好动，对新鲜事物有着极强的好奇心，体育教师可利用学生活泼好动、对新鲜事物的好奇心等特点，来制定适合学生学习的体育教学方案。活泼好动的学生大多喜好玩游戏，体育教师在课堂教学时可加入学生喜爱游戏的教学方法。例如，体育教师在训练学生的灵敏度以及闪躲、奔跑能力，培养学生合作意识时，可在制定的教学方案中加入"大渔网"游戏。教师在体育教学场地圈出一定范围做"鱼塘"，让学生分成两小组，一组人数较少的学生做"捕鱼人"，手拉手做成渔网进行"捕鱼"，另外一组人数较多的学生做"鱼"，然后分散在"鱼塘里"。做"捕鱼人"的学生在"捕鱼"时可培养合作意识，因为只有同学之间相互合作才能捕到"鱼"，而做"鱼"的同学为了防止被捕，在闪躲"捕鱼人"的同时亦可训练自身的灵敏度以及奔跑能力。加入游戏的教学方法，不仅能丰富体育课堂教学内容，也能调动起学生在体育课堂中参与的积极性，激发学生对体育学习的热情，提高体育课堂教学效率。

第二节　关于体育教育方法的研究

不可否认的是，体育教育在我们学习的任何一个阶段都是十分重要的。通俗的说，在学校教育中，理论知识学习和体育锻炼同样的重要。所以说，体育教育是高校教育的一部分。大部分的学校对于体育教育并不重视，它们往往比较关注理论知识的教育，这样一来，导致体育教育在学生的心中也变得不重要起来。并且，即使一些学校重视起体育教育，其所采用的体育教育方法也并不实用，大部分采用的是传统的教育方法。

传统的体育教育方法对于学生来说，并不具备一定的吸引力，也不能够引起学生的重视。所以，要想真正有效地实行体育教育，就必须找对方法，找一些好的教育方法。选对了体育教学方法，一方面可以激发学生的体育学习热情，一方面也可以提高教师整体的教学素质，可谓一举两得。

我国对于教育部门的投入也越来越大。另外，教育部门对于全国各大学校的教育要求也有所提高，其中教育部门希望学校有关部门改变传统的体育教学方法，尽量有所创新，能用新的教学方法来教育学生，以提高教学的效率。在高校体育教学中，教学方法的选择对于教学来说是比较重要的，选择正确有效的教学方法有着事半功倍的教学效果。不仅如此，教师的教学质量也能够得到质的提升，学生也能因此学习轻松起来，真正达到学习的效果。当然，选择合适的体育教育方法，同样能提高体育教学的效率，所以，高校也同样要求体育教师提供成熟的体育教学方法，以此改变如今体育教育的尴尬局面。

一、近年来学校体育教学现状

近些年来，随着体育教育被动局面的逐渐改善。体育教师重新审视自己在体育教学中的地位，并逐渐尝试改变一些传统的体育教育方法。但这还远远不够，有些学校虽然打着改变体育教育现状的旗号，却没有实在地行动起来。换句话说，这些学校对于体育教育改革仅仅停留在口号。可以说，现在的很多学生的身体素质都是不达标的，尤其是一些高中生和大学生，他们白天学习，晚上还要做作业，平日里还严重缺乏运动。这样的情况导致他们的身体素质完全达不到社会的基本标准。这样的现状是由于目前学校的体育教育达不到国家的标准造成的。另外，这样的情况并不是一天两天了，从这些学校办校以来，他们就极不重视体育教育。所以说，改革体育教育刻不容缓，学校急需一些好的体育教学方法来提高学生体育锻炼的积极性，并提高他们的身体素质。

二、目前学校体育教育中出现的问题

（一）教材内容

长期以来，中学生和大学生所接触的教材内容大多是相似的，教材中一直围绕着球类、田径、武术等体育运动展开。这些传统的体育运动反复地出现在学生的教材中，学生也反复地接触这些体育运动。久而久之，学生自然而然地就对这些运动有了厌倦之意。另外，虽然教育部门在体育内容方面增加了一些新的内容，但是大部分学校却没有将这些新内容加入体育课程中，他们依旧沿用一些传统的体育课程。这些传统的课程都比较简单枯燥，学生们也难以接受，甚至产生抵制心理。

（二）教学方法

体育课相比较于别的学科来说，是一门以学生为主的学科，学生的主动性将会影响整个体育教育的效率。但是，现在的体育课大多比较死板，如此一来，学生便丧失了对于体育学习的兴趣，这种以学生为主导的学科也丧失了其意义。死板的体育课极大地压制了学生体育学习的兴趣，进一步导致学生无法很好地掌握体育教育学习中的基本技能及方法。

（三）教学过程

传统的体育教学过程主要表现在教师的教，绝大多数的体育教师都重视学生关于体育技术的学习，他们往往会在课堂开始时就着重讲解关于体育的技术问题。这种讲解一般情况下会占用一节课一大半的时间，剩下的时间才会交给学生去自主练习。然而，这种自主练习只能由学生自己完成，有很多学生在学习体育技术的时候没有学懂或者没有听讲就不会，但是教师并没有在一旁教导他们，教师往往在教完技术后就不管学生了。这样一来，学生不但没有学会技术，而且时间一长会对体育产生厌恶的情感。所以说，这种教学过程极大地限制了学生对于体育学习的主动性。

（四）教学组织形式

一般学校的体育课堂教学还保留着像高中一样的教学组织形式。这种形式大多枯燥且烦琐。因此，这种教学形式并没有受到学生的青睐。所以说，在体育课程的教学组织形式上，体育教师需要像大学中讲授专业课一般规范，体育课所需要的教学环节是缺一不可的。也就是说，在教学组织形式中，除了教，还要引入练。在体育教学组织形式中，一定要注意体育课堂的灵活性。

（五）教学评价

《国家体育锻炼标准》一般作为学生衡量自己体育能力的评判标准，很多学校都会定期组织学生参加这个测试。大多数的学校都把这个测试当成了评判学生的标准。虽然这个测试在学生体育能力的测试上有一定的作用，但是过分地依靠这个测试导致大多数学校对于学生体育锻炼目标偏移。学校对于学生身心健康、实践能力等培养都有所偏差。

三、体育教学方法的改革

（一）教学观念和目标转变

体育教学应该进一步地向人文体育靠近。也就是说，学校体育教学的观念应该从技术传授为主转为以健康为主。这种人文体育观与传统的体育观不同，人文体育观更关注学生生理、心理的发展。另外，学校需要着重对一些体育文化的宣传，定期给学生开一些关于体育的讲座，举办体育知识竞赛等。学校体育必须给学生深入贯彻健康体育的思想，加强学生关于体育文化知识的掌握。另外，学校还要加强学生关于情商的发掘，身心健康的培养，让学生在体育教育学习中能做到身心健康全面发展。

（二）体育教学内容选择合理

好的体育教学方法其选择的教学内容必定是合理的。其选择必须具有一定的完整性和系统性。在选择合理的体育教学内容时，应该充分考虑在培养高素质知识人才时，适当提供一些问题去发展学生的思维能力。另外，体育教学内容选择还需要符合各阶段学生的心理特质，这样一来学生则更容易养成良好的体育运动习惯。教师应该把学生当作体育课的核心，引导学生选择适合他们的体育活动，并且让体育成为一种习惯而不是任务。并且，每一位学生都应该选择一种体育活动，将其培养成他们的体育技能，并成为他们健身的方式。让体育真正地融入生活。

（三）教学形式灵活多变

教师在进行体育教育时，要想带动学生们体育学习的积极性，必须在其教学形式上有所改变。之前传统单一的教学形式不仅不能带动体育学习的氛围，反而会压制住学生们上体育课的热情。所以说，学校要想做到体育教育在教学方法上的改革，必须首先地改变当前的教学形式，教学的效率则能从根本上得到提高。学校体育教学形式最好要灵活多变，正如当前许多学校在体育教学形式的改革，体育选课逐渐地变成选修制，学生们可以不用再听从学校统一的安排，而是可以自己通过在网上选课的方式选择自己喜欢的课程。这就是教学形式多样化的体现。另外，学生学习的体育课程也不再局限于之前的武术、乒乓球等几类课程，现在学生的选择也逐渐多了起来，近些年来，学生可选择的体育课程除了之前的几类，还新增加了舞蹈、轮滑、游泳等几项受欢迎的体育课程。这样一来，学生可选择的课程变多，且其感兴趣的课程也有所增加，学生对于体育课的兴趣也逐渐提高。

（四）改变对学生体育素养的评价

很多学校都会制定一些相关的要求作为评判学生体育素养的标准。学校对于学生体育素养的评价很大程度上可以看出学生对于体育课程的掌握程度。显性指标和隐性指标可以作为学生体育素养评价的标准，其能帮助考核学生的体能、运动素质。另外，其对学生的知识技能考核也有一定的帮助。从一定层面来说，学校对于学生体育素养的评价还包括根据他们的体态和习惯来判断他们对于体育的自我管理和自我锻炼的能力。总而言之，其能对学生总体的体育素养做出一个标准的评价。其评价内容通常包括对大学生终身体育基础起重要作用的态度、兴趣、习惯等。需要注意的是，在评判学生体育素养时一定要将隐性指标和显性指标相结合才能够真正地起到考核作用。

无论是针对体育教育还是其他教育，学校以及教师都必须尽自己所能创新出一些教学方法，因为新的方法不仅能够帮助学生学习这一门课程，其也能帮助教师减轻授课负担。所以，在体育教育创新方法的研究上，需要体育教师本着"终身教育"的原则，尽其所能培养高素质体育人才。

四、基于创新角度的体育教育方法分析

（一）促进课程优化，为教学方法创新奠定基础

目前我国小学体育教育在教学内容以及组织形式方面仍较为单一，而且课时量、设施不达标，若想真正体现出体育教育对学生综合素质培养的良好作用，必须深入教学内容的丰富化，使教学组织形式更为多样化，完善课时安排，以此来调动学生的参与热情与学习积极性。

在体育课教学内容设置方面，应该充分符合现代小学生身心发展的特征，关注教学技术的全面性，为促进学生身体素质的发展做好准备。课程安排上，要关注学生肌肉耐久性、支撑性、协调性以及柔韧性等方面的特征，培养学生优质的坐立走跑身体姿势，为他们的健康成长奠定基础。积极开展丰富多彩的课外体育活动，以调动学生的学习积极性和参与热情，鼓励学生主动参与体育知识和技能学习过程，与操场、空气以及阳光进行亲密接触，让他们在学习之余得到身体上的放松。要在校内成立体育运动俱乐部、业余活动社团以及体育运动队等，对学校的各项课程资源形成有效调动，这样才能实现对教学方法的有效优化，推进阳光运动，让小学生意识到参加体育活动的必要性和乐趣。

（二）小学体育教育方法创新策略

1. 游戏教学

这里所提到的游戏教学并不是让体育课变为游戏课，而是利用游戏教学方法来展开体育教育。游戏教学的主要特点包括：（1）教育性，对体育游戏的利用，主要目的是让严肃而枯燥的体育教学可以在更加和谐、欢乐以及愉快的气氛当中推进，结合多种活动形式，在游戏过程中实现对教学目标的贯彻。而且通过游戏活动，不但能有效锻炼学生的身体素质，还能激发学生的思维，对学生综合素质的培养大有裨益。（2）健身性，小学阶段的学生对于一些新奇的事物总是抱有好奇心，也愿意主动接触一些新鲜事物。通过体育游戏教学，可以全面调动学生身心发展，在游戏过程中锻炼身体、学习知识、提升活动能力。（3）趣味性，体育游戏如果具有良好的趣味性、竞争性、新颖性，则能更好地调动学生参与热情。

2. 激励教学

在小学阶段，学生模仿能力强且活泼好动，不过主观判断能力却有限。所以，在体育教学中，应该积极采取激励式的教学方法，通过正向引导调动学生主动参与教学过程。对激励教学方法的应用需要满足以下几个条件：（1）合理目标的设定。小学生因为年龄较小，身心发展还不够成熟，他们的注意力跟成人相比，显得短暂且多变。因此激励教学过程要有针对性地对不同教学目标进行设置，从而更加符合学生的学习特征。（2）物质激励与精神激励的有机结合。所谓物质激励，并不是给学生金钱或者一些有使用价值的实物，而是当学生积极参与体育活动时可以给予他们小红花或者笑脸贴纸等奖励，这样更能激发他们

的荣誉感。而物质激励要保持一个良好的度，并与精神激励有机融合。（3）激励需要体现出良好的时效性。对体育教学过程中学生所做出的优质举动，教师应该及时给予他们表扬和奖励。

3. 兴趣教学

小学阶段的学生正处于身心发展的关键时期，他们活泼好动，对于外部事物反应较为强烈，能够对很多事物产生兴趣，不过这种情趣通常很难维持较长的时间。所以，小学体育教育中对学生兴趣的培养，需要结合学生的身心特征，有针对性地具体开展。（1）诱导吸引，小学生通常很难将自己的兴趣十分明显表现出来，对体育活动所形成的认知也有较大的随意性与起伏性。因此，教师在开展体育教育的进程当中，要充分关注学生的心理发展，采取合理的诱导与吸引方法，有效调动学生对于某个体育活动的兴趣，从而在后续教学中持续深化，引导学生兴趣的深入发展。（2）榜样激励，小学生会对超出自己能力范围外的任务或偶像抱有崇拜心理。因此，在兴趣培养过程中，可以利用这一特点，在教学过程中充分融入一些国内外体育健儿的励志故事，让学生在心中树立远大的理想，并对体育锻炼形成更大的兴趣。（3）对学生学习兴趣的培养，还要在教学过程中为学生营造出优质的学习氛围。体育教师教学过程中应该给予学生充分的尊重，体现出学生在教学活动中的主体地位，多给予他们激励。让学生更好地感受到学习的乐趣，增强感受，达到对学生兴趣培养的目的，实现教学效果的不断提升。

第三节　体育教育的浅显思考

体育教育是我国学校体育最基本的实施形式，也是竞技体育、群众体育的基础。体育教育在学校教育的地位，能有效反映体育的发展，体育教育又是由教师、学生、课堂、课外体育、家庭等方面组成的。这些方面怎样有效地衔接、互助、配合以及主次的逻辑怎样，如何才能有效促使体育教育有序开展，对此有些浅显的看法与思考。

一、教育观念要与时俱进

体育教师应该要从培养现代化人才的高度出发，从素质教育的高度来研究教学过程的优化，定位是学习的主人是学生，也是教师。怎样面向全体学生，适合全体学生主体地位，是体育教师实时考虑的问题。要明确树立"教即是学""学即是教"的思想，提倡"教一点而学两点"。让学生不但知其然，而且知其所以然。要符合学生的认知规律组织教学，依着学生的实际来设计教学。不但不能出现学生"往前走"，教师把他"拉"回来。我们要在设计教学环节时，要充分考虑到学生的思维，提倡让学生勇于向前、勇于思考、勇于向上。凡是学生能独立思考完成的练习，绝不暗示，为学生多创造情境，多一点活动思考的余地，多一点表现自己的机会，多一点体会成功的愉悦。教师要充分调动学生的积极性，教师不是神，应该被超越，学生一定要勇于超越老师，老师要敢于在学生面前承认落后与错误，才能促进学生更好地进步与成长。

二、树立"健康第一"的思想不动摇

十多年前，我们发展传统的体育教育教学已经不能适应和满足当代学生的体育基本需求，难以调动学生上好体育课以及参与体育锻炼的积极性了。对于今天，我们应该根据当代学生的特点来改革体育教育的内容和形式，探索符合现代教育和现代体育的发展趋势，符合青年学生身心需要的学生体育课程新模式，引导大学生树立"健康才是成功的基石""才能形成全人发展的基础"的观念。才能更好地完成学生从"强健体魄"到"健康第一"和"终身体育"的根本性改变。

三、培养学生基本技能的养成

学生是体育教育的主体，所以体育本身也应立足于学生，以学生为中心为根本出发点，倡导"快乐体育"思想意识不动摇，努力打破传统只上不教、只教不学的授课模式，积极引导学生全体参与、互动为主、扶持爱好、激发兴趣、学会一技、终身受用的教学导向。让学生在体育教学中能自主地爱上一项体育运动，从体育运动中体验到不同的乐趣，培养自我锻炼的兴趣，培养自我锻炼能力，为终身体育打下基础，在快乐中运动。为此组织开展不同的运动项目供学生学习，要充分体现健身性、娱乐性、时尚性、文化性、前沿性等特性，并以培养目标为依据，尊重学生的个体需求，从而推进学生体育技能的养成教育。

四、课堂的主阵地作用不能忽视

心理学研究表明：心境可以调节人的思维、激情、思路，好的心境有效地调动智力的提高，释放潜能，激发创新敏感性。可以说，激情是进行创造创新活动的内动力，就是心理动力。体育课堂中，教师一定要创造严谨的和谐宽松的氛围，做到"教师娱乐中教，学生娱乐中学"，进而促进快乐体育的发展。让课堂充实情感的互动、成功与失败的体验、情绪的交流、意志的培养等等。

尊重学生的人格，尊重学生的差异化，多给他们一些鼓励和表扬；尊重学生的意见和建议，维护学生的想法；尊重和理解学生的好奇心和求知欲；平等地对待每一个学生，爱护每一个学生。

体育教育仍然应该把主阵地放在课堂上，课堂教学不能忽视。以课堂教学为中心，发挥教师的主导作用，充分强调学生的主体的作用，要圆满完成国家设置的课程和设计的教学计划，提高课堂效率，提高教育教学质量，提高体育养成教育的目标都应该通过有计划的课堂教学来进行和实现。

要与时俱进的改革教学方法和手段，不但要发挥学生的主体作用，也不可忽视老师的主导作用，不能搞满堂灌教学，更不能放任自由解散练习，要实时地科学地以学生为中心开展教学活动。学校对课堂教学要进行严格监督和科学检测评估，加强体育教师的责任感，提高教师的教学水平和技能，通过生动活泼的课堂教学，促使学生健康成长和全面发展。

五、群体活动要与体育教育相辅相成

有序群体活动是促进体育教学的重要手段之一。体育教学中注重培养学生的组织能力、团结协作能力、集体主义观念、拼搏进取精神等多方面意识，而这些方面又对群体活动的开展有积极促进作用。群体活动开展要采取大学生自治的办法，有效地贯穿在课堂教学、课外锻炼、竞赛与群体活动当中，形成课内、课外一体的体育教育趋向机制，形成学生自主体育工作的格局。为学生营造浓厚的体育文化氛围，促进学生感受和体验体育运动的特殊魅力。对学生体育综合素质的养成与技能培养具有积极作用。

我们应该把目光面向当代，进而面向未来。学校体育教育任重道远，要立足于学生的全面发展，做好健康教育的前沿阵地。学校体育教育的活力要勇于创新但不脱离实际，没有务实，就没有创新，学校体育教育就没有前途和未来。

我们希望体育教育事业能够蓬勃发展，能够培养更多的有用人才，使青年学生健康成长。社会、家庭、学校等多方面的支持与配合，才会促进青年学生真正成为德、智、体全面发展的人才。

第四节　身体与体育教育

随着我国对身体健康问题的研究日趋增长，对于身体价值对于体育研究有着重要意义，透过身体能够将体育价值与哲学、教育学、美学等进行联系，并且根据对身体的认知可以了解全面的身体价值，同时对于体育也有一个指导作用。哲学上对身体问题的深入探究大大加深了学界对教育实践，而这恰恰是当前体育教育所缺失的一部分。

所谓的政府采购，主要是指为了从事日常的政务活动，更好地服务公众，国家各级政府利用国家财政性资金等进行货物、工程和服务的购买的行为，采购不仅包括了具体的采购过程，还涉及相关的采购政策、程序、管理等工作。

一、身体教育价值的解读

（一）身体是文化的力量

在日常生活中，外国人在体型上就比中国人更加高大强壮一些，而中国人相对比较瘦小、保守。这只是在身体形态上的差异，更多的是文化上的差异，由于这种差异的存在，很多人把东西方的文化比喻为圆文化和直线文化，从这样的比喻中更加突出了西方文化的竞争精神与东方文化的中庸和谐精神的差异，正是由于这种差异的存在，以身体作为载体的文化差异可以体现在生活、学习以及运动当中，另外这也使得身体文化成了东西方文化差异的主要原因之一。

（二）身体是艺术的力量

在各种表演中不论是艺术造型还是表演造型，身体都是艺术的基础，而在各种艺术作品中也比较青睐身体作为素材，例如，女神像就是以身体作为作品，通过身体的塑造与演绎表达了作者的某种情感和生命力量的体现。

（三）身体是美的力量

尼采曾表达过身体是最美的体现，身体的美好表现在各种感知上面，一切美好的表达都离不开身体的感悟。从身体的经验和整体运动的生成中，存在这种状态构成的各类艺术审美。透过身体的表现可以想象成艺术美、形式美。因为美具有很广泛的内容，因此美在人体全面发展上面是必不可少的部分。因此在教学活动中更应该注重对学生全面感知的教学，让学生全面认识身体，了解体育教学中身体的重要性。身体不但是运动的载体，更是文化与艺术的体现。

二、身体与体育教育的联系

（一）身体是体育教育的核心

透过心理学的研究我们可以了解到，人类的认知形式主要有概念性认知和形象发展方向的认知，身体塑造的过程中人们可以对心里品德等进行认知。通过对身体的不同认知可以让人们对体育教育有所了解。身体认知是指认知主体借助身体与外界自由全面发展。

（二）体育教育的主要内容是身体教化

体育教育的主要内容是对身体的教化，教育的价值体现在身体教育，对身体教育价值的认识上要从身体各个方面进行。身体的教化主要靠教师的引导，教师要指导学生进行身体训练，从宏观上看，体育教育要坚持以人为导向的讲解，同时加以身体上的训练，教师通过指导让学生不断进行身体联系，从旁用语言提示说要充分体现人的自由全面发展。另外表示需要在微观上对身体进行体育教育，虽然微观上的体育教育主要以胯沉肩等进行，但是效果并不理想。因此教师要利用运动的参与、身体的健康、运动技能等方面进行各方面的适应性挤压腹股沟、拍学生的肩。让学生在这几个方面进行联系，在体育教育中要不断采用身体联系，同时进行身体实践。让身体可以适应各种运动技能。学校教育的主要职责是促进人的社会化。因此教学中要不断对运动技能的形成进行训练，在德智体美等多方面进行运动的协调性练习。通过对学生动作的分解，给学生灌输运动形成的过程，经过身体的多次尝试与体验之后，身体获得成为个体社会化的重要手段之一。

三、立足于身体探寻体育教育的意义

（一）体育教育对身体的改造

身体作为体育教育的主体，需要不断地进行两者之间的链接，通过体育教育对身体进行塑造，创造出一个强壮健美的身体，这样体育运动便可以更加灵活。各种项目民族之间的不同差异，还可以形成不同的体育精神，形成不同的身体载体。体育运动对于身体教育有着深远的影响，在立足于身体之上的生物体和精神对体育机能的塑造。

（二）身体的社会化链接

身体的社会化链接对于身体精神意义上的追求，是体育教育的根本。真正意义上的体育教育则是对身体的训练以及对精神层面的培养。通过对身体活动的不断训练，使得每个人都认识到身体的美。了解体育教育不但是增强体质、提升体育技能的一个身体素质提升，还是塑造社会化人的一个过程，体育既可以连接校内的活动，又可以通向社会活动。提升人与人之间的沟通纽带作用，为体育教育提供良好支持。

（三）身体主体性的塑造

随着社会的不断进步，体育也不断得到重视，在各种社会以及校园都需要对体育意识加强教育。身体教育要以身体为主体，突出以人为本的体育教育理念。体育塑造的主体是身体，现在的教育需要在培养社会发展需要的体育人才，逐渐发展到人文精神层面的体育教育当中。从人们的体育竞争意识逐渐变化到人们对精神层面的建设。学校作为体育教育的场所，应该逐渐重视体育，塑造具有体育教育的身体。根据现在教育的理念，对身体的体验以及身体的选择都具有代表性，身体也不再是简单的生理组织部分，应具有社会化、主体性精神意义上的诉求，这也是目前体育教育在"身体体验"中的真正含义和追求。

身体是体育教育的根本，体育教育需要本着身体健康为主，在身体上塑造美与形体状态，塑造理想的人格，以及对美好的感受。体育技巧的联系需要在身体机能正常的情况下进行，同时还要对社会和身体教化进行领悟。塑造具有体育精神的身体，改变身体价值，形成体育精神下的身体语言。

四、体育教育中身体美学的理论诠释

体育教育是直接作用于身体的教育形式，其以身体意识为基础，身体实践为动力，身体美感为最高追求，力图构建出艺术的身体、动感的身体以及活跃的身体，呈现出"完整的人"的存在样貌。体育教育是身体的文化表现形式，它试图唤醒被遮蔽的身体，萌发生命的活力，激发蕴含于身体之中的力量，从而获得生命的超越，最终塑造自由而全面发展的人。

（一）身体美学的概念诠释

身体是身体美学的起点与核心。生理学的身体由血液、皮肤、肌肉、骨骼等要素构成。社会性的身体是自然人的身体又是公民参与各种社会关系，以及在此过程中形成的各种权利和义务的载体。"身体是多维度、多层次的存在，有其自身的力量"，对于身体的认识不应只局限在某一学科领域上。由于视角和立场的不同，对"身体"的理解主要形成了以下几种观点：作为生理性存在的身体；作为社会性、文化性等复杂关系存在的身体；作为生理性与社会性整体统一的身体。而身体美学视野下的身体被看成是一种充满生命和情感、感觉灵敏的存在，而不是一个缺乏生命和感觉的、单纯的物质性肉体。从身体出发，认识身体美学是最直接的切入点。理查德·舒斯特曼将身体美学定义为："一门兼具批判与改良双重性质的学科，它将身体作为感性审美欣赏与创造性自我塑造的核心场所，并研究人的身体体验与身体应用。"简而言之，身体美学就是致力于培育和改良身体，以身体美塑造、欣赏和展现为中心的审美实践。

身体作为体育教育的出发点和落脚点，伴随着体育教育发展的整个过程，是检验体育教育效果的评判准则。体育教育以人（学生）的身体为培育目标，通过各种身体活动和体育锻炼手段，对身体进行有目的、有计划、有组织的探索和改善，帮助学生更好地认识自己的身体，并能利用所掌握的知识不断改造自己，实现真正意义上人与身体的完美结合。人要成为一个完整而自由的统一体，必然要让"身心"和谐发展。体育教育同样也是培育身心和谐发展的最好实践方式，内在修心，外在塑形，使人朝着身体健康的方向发展。由此可见，身体美学与体育教育的出发点和落脚点都基于"身体"之上，都致力于探讨改良和培育身体，使之成为更加自由且完整的人。

（二）身体美学的理论内核

身体美学的理论内核包括以下几个方面。（1）身体意识的思维培养。采用多种身体训练的方法来改良身体，提高身体机能，增强肌肉的控制力，使身体更加灵活敏捷，从而达到塑造外在形态与内在平衡的目的。体育教育是身体意识得以培养的最有效方式，通过各种身体活动和体育锻炼手段，提高主体对身体的认知力，教会主体利用所学知识灵活合理地运用身体。（2）身心合一的精神凝合。身体美学所要表达的"身体"是充满生命力和情感体验的身体，而非木讷僵硬、没有灵活性的身体。这就意味着身体美学不但重视身体外形的塑造，也非常重视身体内在的修炼，高度强调身心是统一而不可分割的整体。体育教育通过科学合理的身体活动方式不但帮助主体更好地塑造外在形象气质，也让主体在学习的过程中感受运动所带来的愉悦。通过外在的审美感知与内在的情感体验的结合，力求达到身心一体的审美实践活动。（3）身体体验的文化养成。人有身体，有身体就会有体验，有体验就会有审美。"身体美学不仅仅关注身体的外在形式与表现，也关注身体的活生生的体验"。体育教育通过切身参与可以帮助主体更好地体验身体活动，增强身体知觉的敏感性和身体意识。

（三）身体的美育：身体美学与体育教育的行之所向

1. 身体美之探索：身体美学的追求所在

"美是人之身体的感知和感受"。身体美学致力于改良和培育身体，使之有更好的身体体验和感知，从而形成以身体美塑造、欣赏和展现为中心的审美实践。一切美的事物都依托于赋有灵性的身体去体验、领悟和感知，而身体美学所存在的意义在于帮助身体更好地去体验、领悟和感知。身体美学在探索美的道路上不断尝试，试图寻找某种合理的身体训练方法，让人（主体）获得各种各样的体验感。譬如运用身体训练（瑜伽、太极、坐禅等），让人（主体）在参与运动过程之中或者之后获得一种生命力旺盛的体验感，譬如一场酣畅淋漓的释放，一个震撼人心的鼓励，一次迎风奔跑的喜悦……每一种身体体验都由内而外地散发出生命顽强、自由向上的气息。只有当体验过释放、激动、喜悦等之后，才会达到身体最终的愉悦，亦是身体美至高的升华。除此之外，身体美学还试图通过身体意识来有效地促进身体之美。众所周知，信息科技时代解放了双手的同时却束缚了身体活动。身体美学以身体为审美主体，它试图通过身体意识的培养，提高身体的自我意识与自我监控，及时纠正不良习惯对于身体带来的损害，同时培养正确协作运用身体的能力，激发身体的潜在力量。可以说，身体美学唯一的宗旨就是造福身体，使身体朝着更加自由、健美、活力的方向发展。

2. 身体美之引导：体育教育的价值所在

"美源自人的身体之力"。力与美的结合恰是体育最好的表达方式，外显有力，内收至美。身体之力无外乎体现为两种表达形式，一种是外在的力，另一种则是内在的力。奔跑的身影、健美的身躯、矫健的步伐、健硕的肌肉，这些无不彰显着身体迸发出外在的力量之美。而体育教育却是这些力量得以培育最好的场所，通过各种身体活动和体育锻炼手段，对身体进行有目的、有计划、有组织地探索和改善，帮助学生更好地认识自己的身体，并能利用所掌握的知识来不断地改造自己，促进真正意义上力与美的完美结合。身体的内在之力，体现于意志品质的磨砺之中。体育教育培养学生顽强拼搏、吃苦耐劳、克服阻碍的意志品质，塑造学生坚韧不拔、积极进取、奋发向上的良好品德，激发学生超越自我、挑战自我、提升自我的内在潜能，从而在体育精神的磨砺和陶冶下，形成阳光、健康、积极的心理发展趋势，实现人的道德升华、情感追求和品行卓越。"在情感认识中，力与美的结合，使体育获得审美的寄托"。体育教育将外在的力与内在的力视为一体，通过外在的健硕之力获得一种感性实物的美化，而通过内在精神之力塑造健全的人格品质获得一种理性实物的美化，力求达到力与美的完美融合。

3. 身体美之塑造：身体美学与体育教育的共同使命

"美是身体的表演和创造"。不难发现，身体美学与体育教育之间所关注的重点都在于如何改良和培育我们的身体，使之朝着更加自由、向上、健康的方向发展，从而成为塑造美的源泉和动力。身体美学以身体为审美主体，它试图通过身体意识的培养，以某些体育项目作为身体训练内容去改良和培育身体，使之能拥有完善的身体体验，并纠正不良习惯所带来的陋习，最终达到塑造身体美的目的。只有经过切身的身体体验之后，才能达到身体最终的愉悦，亦是身体美至高的升华。同样的，体育教育以身体为载体，通过各种身体活动和体育锻炼手段，对身体进行有目的、有计划、有组织地探索和改善，帮助学生更好地了解自己的身体，并能利用所掌握的知识来不断地改造自己，从而在一定程度上促进人与身体的完美结合。授人以鱼不如授人以渔，体育教育不但需教会学生学会体育锻炼，而且更重要的是教会学生在体育活动中正确运用自己的身体。在学习的过程中，学生会不断地发现美存在于运动的每一个细微之处，不论是田径场上矫健的身姿，还是足球场上凌空射门的脚法，都孕育着身体之美。身体美学与体育教育如同雕塑家，一笔笔镌刻出身体最美的画面，共同在改良和培育身体的道路上前进，一起谱写塑造身体之美的新篇章。

（四）育人的教育：体育教育中"完整的人"的生命展现

1. 身体的意识：在体育教育中塑造艺术的身体

身体意识是身体美学的核心，即通过对身体意识的培养，对身体加以培育和改良。而身体意识的培养，需要通过身体训练给予身体正确的指导，提高身体的灵敏性和感知能力，进而更恰当地运用身体。体育教育是身体训练最好的方式，它通过各种身体活动和体育锻炼手段，对身体进行有目的、有计划、有组织的探索和改善，帮助学生更好地了解自己的身体，并能利用所掌握的知识来不断地改造自己，达到人与身体完美结合的目的。随着身体意识的日益觉醒，身体成了大众瞩目的焦点。有的人通过身体表达自己的情感，有的人通过身体塑造不同的形象，有的人通过身体创造经典的作品……于是，身体成为造就艺术的源泉与动力。因此，体育教育作为身体实践的活动中心，通过各种身体活动和身体训练方法来塑造和完善身体，让艺术之美在体育运动中完美绽放，让体育之美在艺术体验中永久留存。

2. 身体的实践：在体育教育中寻找动感的身体

体育教育作为身体实践的活动中心，是培养和完善身体的最好场所，它与身体实践相连且密不可分。"体育是身体实践的行为"。田径场上，走跑跳投的画面；足球场上，凌空射门的瞬间；篮球场上，远投三分的姿势……这些都是体育教育赋予身体最佳的实践方式。体育教育犹如一个实践场域，用各种形式捕捉每一个动感的身影，用心聆听每一种跳跃的旋律，用实践检验每一场出彩的表演。体育教学是一个特殊的运动认知、运动感受和运动体验环节，是具有独特性、交流性和建构性的开放式过程。"体"与"育"的耦合，促进体育教学实践性与关系性的生成。学生体育学习的过程，也是学生身体实践的过程，任何一项运动技术的掌握，都必须借助"身"去践行，依靠"体"去感悟，然后由"身"和"体"的结合去互通交流，最后收获大量的身体经验去践行审美实践活动。体育教育将身体从"四面白墙"里解脱出来，还原身体最本真的状态；体育教育将身体从繁重课业中拯救出来，给予身体自由的空间；体育教育将身体从虚无外在中救赎出来，让身体接受心灵洗礼。长期的体育实践活动能够使身体各器官和机能协调发展，促进身体状态展现朝气与活力之美；长期的体育训练能够使身体素质和运动能力进一步提高，展示体育运动之美和技术之美。身体不再被无情地忽视、遮蔽甚至束缚，释放出生命的力量。

3. 身体的美感：在体育教育中勾勒活跃的身体

身体乃万物之美，是创造美、发现美、感知美的载体。体育教育以身体为核心，自然也与美有着千丝万缕的联系。身体审美贯穿于体育教育的始终，身体之美是体育教育最直观的结果。"力与美往往结合在一起，而真正的美总是有力的"。譬如，米隆雕刻下的"掷铁饼者"，它深刻地展现了力与美结合的运动形象，强劲有力的四肢、肌肉线条均衡交错，完美地将力与美融为一体。体育正是力与美结合的艺术品，而体育教育则是力与美结合的药剂师。体育教育通过培养学生正确的体育审美情趣，引导学生欣赏体育美，强化学生的身体意识，提高学生自我参与体育活动的积极性和主动性。学生在欣赏美、感受美、体验美的同时也掌握了体育基本知识与基本技能，利用所学知识来改造自己的身体，使之朝着更具有生命活力的趋势发展。体育教育所培育的身体美感不仅仅流于表面，还尤其注重内在美感的塑造。体育教育以培养"德、智、体、美、劳"全面发展的人为宗旨，美是其中不可或缺的一部分。身体的内在之美，体现于意志品质的磨砺之中。在体育运动中，发扬积极进取的良好品德；在体育课外活动中，培养学生勤劳奋斗的意志品质；在竞技比赛中，激发学生超越自我的内在潜能；在体育精神的陶冶下，逐渐形成阳光、健康、积极的人格魅力，培养人的道德情操，输出人的情感追求和完善人的卓越品行。

（五）迷人的体育：体育教育中"自由的人"的塑造

1. 身体的觉醒：在体育教育中萌发生命的活力

制度化教育对技术理性和知识本位的过分强调，使得身体往往处于遮蔽状态，身体在体育教育中要么被忽视，要么被误解。身体被繁重的课业负担、规范的审美标准、激烈的竞争环境所束缚，丧失了自由的能力。"身体的生长需要健康，被压制或是约束的身体终归不能够健全"。体育教育亟需一场救赎身体的改革，使身体回归到体育教育审美实践中并重新获得自由。身体美学的出现就如同一场解放物化身体的及时雨，将身体视为审美实践活动的主体，从培育身体意识、统一身心健康、提高身体体验、促进身体训练等多方面对身体进行关照，使人们充分认识到身体之于体育教育、审美实践及其理论研究的更大价值和现实意义。身体由被束缚、被遮蔽、被忽视转为自由、积极、向上的主体。身体是体育教育中重要的物质载体，体育教育是身心和谐的教育，只有尊重身体的主体地位才能突出"身心和谐发展"的体育教育观。身体在体育教育中的地位得以确立，体育教育也不再以培养物质化的身体为主要目的，而是逐步朝着"以人为本"的人文体育教育理念发展。人们通过体育锻炼追求健康的身体，通过身体训练塑造健硕的身体，通过体育运动打造健美的身体，身体在体育教育的庇护下萌发出生命的活力。

2. 身体的卓越：在体育教育中寻找生命的精彩

"体育教育是置身于人的生命存在的根本问题之上……是人的生命价值的最大体现"。身体的卓越体现在于"强健其体魄，野蛮其精神"，实现真正意义上的生命价值。身体是体育教育的出发点和落脚点，是体育教育的物质载体、价值依托和评判内核。体育教育的存在也正是身体的需求所在，帮助其塑造外在健硕的体魄，充实内在精神的食粮，促进人与身体的完美融合。体育由"体"和"育"组成，它的本真要义在于育"体"强"身"，体育是身和心协调一致发展的教育。体育教育通过身体体验运动中的内在感知，使人得到心灵上的享受。体育教育中的"体"指的是不仅要成为肉身之体，还要成为智慧之体、道德之体和审美之体。人要成为一个完整而自由的统一体，必然要让"身心"和谐发展，只有身心协调统一发展，才能还原身体的本真状态，展现优美的身体姿态、娴熟的动作技术、顽强的生命意志以及愉悦的身体体验感，让身体在自由活动中享受愉悦与健康的生命本质。体育教育以"身体教育、健康教育、生命教育"为主要教育理念，帮助学生树立终身体育意识，塑造身心统一的完整人格，引导学生寻找生命的价值所在，感悟生命真谛的意义所在，逐步达到德、智、体、美、劳全面发展。

3. 身体的力量：在体育教育中获得生命的超越

"力"，是生命存在的表现形式，是作为人之主体的身体活动的重要表征。"力"无形地孕育在身体之内，表现在身体之外。体育教育是凝聚"力"最好的实践场域，它通过身体训练塑造身体的健美，彰显活力；它通过体育活动促进身体的健康，增强体力；它通过竞技比赛挑战身体的极限，凸显动力；"力"则是体育教育最好的行动方式，"力"给予体育教育无限动力，使身体聚集巨大能量；"力"给予体育教育创造无限活力，使身体拥有潜在能力；"力"给予体育教育体验无限感召力，使身体保持青春活力。"体育从'力'中而来，生命力的强力、活跃和冲动，是体育让人之为人存在的生命出场"。身体是迸发完整生命力的载体，体育教育则是培育完整生命力的摇篮。体育教育通过最具体的体育实践活动焕发激情、展示魅力，引导人向善；通过切身的身体体验感受运动过程中的喜悦、激情、感动、艰辛、成功或者是失败，使生命在体育教育的引导下更加顽强。体育教育将生命力贯穿在教育的始终，帮助学生体验生命的力量，引导学生展示生命的力量，鼓励学生激发生命的力量。身体在体育教育中蕴含着人的动力与活力、外在形式之力和内在情感之力、生命力和行动力，体育意义的凝聚也正是身体力量完满的造诣。

第五节 核心素养与体育教育

培养和发展学生的核心素养主要是指让学生具备满足终身发展和社会发展需要的基本品格和关键能力。我们要试图让学生学会学习、学会做人、学会做事、学会持续发展。总而言之，就是让学生脱离以书本学科为核心的传统学习体系，以发展个人能力、学会终身学习、拥有获取知识和技能的能力。核心素养的基本内涵包括文化基础、自主发展和社会参与。其中自主发展中的健康生活，拥有健康体魄，是保障其他能力的基础和根本。

一、重视体育教育，夯实国民体育基础

促进学生全面发展体育和教育原本就关系紧密。体育是培养、教育人的必要手段，历来都是教育的重要构成。各国历来重视体育教育，我国古代的"六艺"中"射"和"御"就属于体育的内容；西欧骑士教育中的"七项技能"，也属于体育教育的一部分。毛泽东1917年《体育之研究》也提出：体育"强筋骨、增知识、调感情、强意志"，学校教育应当"体育占第一位置"。重视体育教育、发展体育教育，是推动核心素养理念的重要途径，可以通过培养学生对运动项目的兴趣、态度、习惯、知识和能力来增强学生的身体素质，树立正确的道德观，培养学生坚毅的意志品质，促进学生身心健康发展。

二、促进学生智力发展、增强意志品质、提高审美能力

学会健康生活毫无疑问，经常参加体育锻炼，能够增强大脑皮层细胞活动的强度，提高平衡能力，改善自身的灵敏度。可以提高学生感知事物和思维的敏锐度，开发其想象力，培养良好的注意力和记忆力、高尚的道德品质和坚强的意志力以及审美情趣，提高审美能力。健康生活主要是让学生在认识自我、理解自我、发展自己的身心、规划自己的人生等方面的综合表现。其具体元素包括如珍惜生命、健康完整的人格和自我管理等。而学会一两项体育健身项目，学会运用体育项目锻炼身体，是健康体魄、健全人格、自我认知、身心全面发展的重要途径。

三、多元化课余生活，维持健康体魄，为发展核心素养奠定基础

在参加体育健身过程中，我们的目标基本是锻炼身体、增强体力、改善体质。不过，体育不仅可以改善呼吸、消化、内分泌、免疫系统等来健康体魄，更重要的是在进行体育项目过程中，能健全人的心理、发展人的认知能力、完善人的性格、气质及增强人的意志品质等。并且在此过程中，增进了人际交往，培养了参与者的责任意识、合作精神，有利于理解和尊重他人，促进人际关系，学会在人际交往中公平竞争、积极主动、努力进取、奋发向上；有助于调节社会主义精神文明建设，是良好的体脑调节剂和积极的康复手段，从而用更为健康的身心学习科学文化知识，学会做事、学会做人，用终身学习的技能与全面健康的核心素养为社会做贡献。

关注个体发展就是关注社会发展，关注孩子的教育就是关注社会的未来。改革以书本学科学习为核心的传统教育理念，发展培养获取知识的能力、个人的自主学习的能力、终生学习的能力，学会学习、发展自主兴趣、学会健康生活、树立自信心、成为社会的积极

贡献者和热心人、全面发展的人。即：有责任担当、有文化底蕴、有社会实践、会自主学习发展、能实现社会参与、有文化基础、有科学精神。而健康的体魄是在世间赖以生存以及实现其他所有目标的最基本保障。重视体育教育、发展体育运动，为实现核心素养教育改革保驾护航。

四、基于核心素养的体育教育提升策略

在核心素养的指引之下，为了全面提升体育课堂的教学质量，改进当下体育课堂教学过程当中存在的问题和不足，可以采取以下措施。

第一，教师要转变观念，能够将体育教学开展得更加全面具体。为了真正提高学生们的体育核心素养，教师们应该改变传统的认识，加强对于体育教学的重视，能够在体育教学的过程当中，有效地融入品质教学以及情感教学，这样既能够调动学生们的体育学习积极性，也能够让学生们认识到体育锻炼不仅要增强体魄，更重要的是能够树立良好的体育品质和团结、奋斗等精神。因此需要教师们进一步转变观念，真正与时俱进，在教学的过程当中采取先进的体育教育理念，能够把终身体育的理念深入教学过程当中，来培养学生们自主锻炼的习惯。

第二，要采取有效的形式吸引学生们参与到体育教学过程当中来。为了真正开展体育教学，培养学生们体育技能以及体育的优秀品质，应该让学生们参与到整个教学过程当中来，因此需要采取创新性的教学方式。比如在进行"收腹连续跳垫子"的练习过程当中，一旦学生们撞到垫子，可能会产生一些懈怠的心理和放弃的念头，但是如果在教学的过程当中能够让学生们认识到坚持的重要性，并且让学生们客观地看待成功与失败，这样既能够让学生们进行体育锻炼，也能够充分认识到用一种积极的人生态度来面对成功与失败。通过开展这种教育才能够保证学生们体育核心素养的养成。

第三，要注重培养学生们良好的习惯以及体育优秀品质。基于核心素养，体育课程的教学也应该注重培养学生们的思想品质和道德，能够真正地把体育教育从外延转向内涵，从素质教育转到核心素质的培养。学生们了解体育的重要意义，只有养成了运动前做准备工作的习惯，才能够避免由于没有热身而参与运动所造成的一系列不健康行为。另外在进行教授"篮球传接球技巧"的过程当中，教师应该向学生们介绍一些篮球运动中手指挫伤的预防知识，这样才能够让学生们了解到一旦体育项目中出现突发事故时如何处理，这样不但让学生们掌握了体育知识，也能够进一步培养学生们的体育健康知识以及健康行为，让学生们养成良好的体育习惯，在体育锻炼中保护自己的身体。

第四，体育教学与生活实践结合在一起，真正培养学生的综合素质。之所以开展体育教学，就是因为让学生们有健康的体魄释放学习生活中的压力，从而促进学生们的身心健康全面发展，因此在体育核心素养培养的过程当中，应该培养学生们良好的习惯，比如说终身锻炼的习惯；另外也要让学生们认识到体育学习与生活的紧密联系，通过开展体育教

学，不仅能够让学生们增强自身的运动能力，更重要的是在运动的过程当中树立良好的道德品质，深刻地认识到体育锻炼中应该磨炼人的意志，激发人们的内生动力等。

第五，要有效地渗透健康知识，促进学生身心全面发展。在体育课堂教学的过程当中要有效地渗透一些健康知识，更重要的是能够审时度势地抓住机会，让学生们了解到独立坚强的道德意识和品质也是至关重要的，通过开展体育比赛让学生们认识到合作的意义以及团结精神，这样才能够让学生们树立良好的精神和道德品质，保证体育教学中核心素养的提升。

核心素养教学理论的提出备受关注，因此在进行体育课堂教学的过程当中，也应该充分地认识到核心素养和体育学科素养的关系和内涵，才能够基于核心素养提高体育教学的质量。面对当下在进行体育教学过程当中存在的问题，比如说学生们的学习积极性不高、体育品质依然不强、教师缺乏对学生体育核心素养的培养以及学生们在进行体育学科学习时缺乏实践能力的培养和缺乏对健康知识有效渗透等问题，为了保证学生体育核心素养的培养，需要充分认识到体育知识健康的重要性，并且能够真正培养学生的体育情感和品质。

第六节　体育教育的本真价值

体育是一种以人为主体的社会存在，它的一切活动都是围绕人来展开，而人作为高级动物，更是作为社会动物，其一生都是在肉体、社会以及精神等三种生命的结合下来完成的。人生命的物质基础是肉体生命，最高层次则是精神生命，在肉体生命与精神生命之间，社会生命是对精神生命进行维持的基础。作为可以推动人健康发展的体育教育，在学校中，应该对每一个学生的肉体生命、社会生命以及精神生命分别进行健壮、强化和点化，要注重把学生培养成一个全面发展、身心和谐的高素质人才。但是，认真对我国体育教育的现状进行审视，我们就会发现体育教育的生命关怀严重缺失，基于此，在这样一个凸显人文价值的社会中，对体育教育的本真价值——生命关怀进行重新反思有着非常重要的积极意义。

一、体育的生命价值和生命品格

（一）体育源于生命的律动

体育源于原始社会的生产、生存斗争与宗教活动，它体现了人作为最高生命体的巨大生命力随着生产力水平提高与社会的发展而不断发展。以柏拉图为代表的哲学家、教育家与思想家认为，人心灵的美化和肉体的健美是内在一致的，这一观点被人们广泛接受。这种重视生命的健与美、肉体与精神浑然一体的文化传统是我们今天体育教育和生命教育发展的重要源泉。体育源于生命的律动，源于生命的自为与自我超越，这些是体育教育与生命教育的重要契合点。

（二）体育活动蕴含着丰富的生命体验

在体育活动过程中能体验到挑战、激情、满足和超越，感受到人与世界的和谐与竞争、失败与成功、成长与衰败等丰富的生命现象。因此，体育教育可以起到激发生之灵感，感受生之乐趣的功效，使人们达到身心的和谐发展，这正是人生命不断完善和发展所需的成长过程。可以说，体育教育是人的动态的生命教育，是直接的生命现象，体现了生命活动规律。

（三）体育提升生命质量

体育发生着"从生产到生活、从群体到个体和从工具到玩具"的一系列转变，体育以其文化主体的身份参与到丰富人类生活方式和内容、改善人类生活的事业中来。在这样的体育参与活动中，人们不仅能够展现出优美的身体形态、娴熟的动作技能、积极的生命意志以及难以描摹的身心之美的体验；而且更能够在身体活动中自由地进行内在生命能量的释放，内在积极情绪的激发，充分享受体育之于人愉悦与健康的精神实质，而这也正是人的生命自由在体育过程中最为真实的展现。

二、体育教育中生命关怀的缺失

体育的生命品格为体育教育与生命教育的结合提供了天然的契合点。然而，纵观当前我国的体育教育，生命教育的缺失不仅令人深表遗憾，而且更是整个社会不能承受之痛。

当前，体育中的生命价值主要在以下三个方面体现出来：首先，体育是在生命的律动中产生的。人能够参加体育活动，通常是积蓄和释放自身的生命能量，是人实现生命的自我超越；其次，体育的根本目的就是对生命质量进行提升。人进行体育活动就是为了改善自身的身体机能，增强自身的适应能力，以此让个体与自然和社会的质量相适应；最后，体育的整个过程涌现着生命的体验。体育可以为人们提供激情的体验以及竞争的平台，使人们的精神产生愉悦感。但是，对我国现如今的体育教育进行审视，我们就会发现体育中的生命教育正逐步缺失，这种缺失是整个社会所不能承受的痛苦。

（一）单向度的体育教育价值

人是一个肉体与精神共同存在的个体，这就使得体育教育既要对肉体生命进行重视，又要对精神生命进行合理关照。对于学生来说，体育教育既要从对学生生理机能的提升上出发，又要着眼于对学生的精神世界进行丰富和提高。从这个方面来说，要想对人的精神生命进行关照就要着眼于体育教育的最终目标，因为精神生命的载体是自然生命，而自然生命的灵魂又是精神生命。非常令人遗憾的是，在当今技术主导一切的时代下，体育教育的价值由以往的双重性日益趋于单向度，也就是说现在的体育教育只注重学生掌握了多少知识、体育技能提高了多少，而把培养学生的人文精神彻底忽略了。

在技术理性的影响下，体育教育应有的双重价值不可避免地沦落为单向度的价值，即体育教育只是片面关注学生体育知识、体育技能和体质提高，而忽视了对学生体育人文精神的培育和生命价值观的塑造。

（二）体育教育目标走向封闭性

随着新课程改革的实施与深化，《体育课程标准》把体育教育的目标分成四个方面：参与、技能、健康与适应。参与就是运动参与，技能就是运动技能，健康就是身体与心理健康，适应就是社会适应。这四个方面，只有"适应"目标和人的精神生命相关联。比如对学生坚强的品质进行培育、让学生学会对情绪进行调控、让学生产生团结合作的意识等。但是，体育教育目标还是逐步走向封闭性，不能够把认识、珍惜、尊重以及感悟生命的多元价值给充分体现出来。

基础教育新课程改革将体育教育目标定位在"运动参与""运动技能""身体健康""心理健康与社会适应"等4个方面，体现了体育教育目标的发展。然而，我们发现只有在"心理健康与社会适应"目标模块中提出了与人的精神生命息息相关的内容，这终究未能充分体现认识生命、珍惜生命、尊重生命、感悟生命的多元价值。

（三）体育教育过程出现压抑性

受技术理性思想的影响以及传统应试教育的冲击，在现如今的体育教育过程中学生的生命体验普遍被忽视，广大体育教师只看重学生对体育知识和技能的掌握以及学生的身体素质提高了多少，而忽略了学生的生命体验历程，导致了在体育教育过程中学生的生命发展以及生命体验被完全遮蔽、学生的个性发挥受到了极大的限制、生命的创新能力以及个体思维能力受到了前所未有的压抑。

压抑的体育教育过程。在技术理性与社会本位思想的影响下，加之基础教育阶段"应试教育"的积弊，体育教育过程中对学生个体生命体验的忽视已经积重难返。这具体表现在体育教育过程中，教师过于注重学生对体育知识、运动技术技能的掌握以及身体素质的提高，而没有认识到所教育的是一个鲜活的、具体的生命个体，以致无意识地遮蔽了体育教育过程中学生多样的生命发展需要以及丰富的生命体验。

三、体育教育的本质价值——追求生命关怀的回归

"体育"重在"育"，它的本质就是对人进行教育，这就说明了体育教育不单单只是"生存教育"，更重要的是体育教育是一个"存在教育"。虽然体育教育的"生存教育"向人们传授了很多生存技巧，然而却对人存在社会上的理由进行了忽略，漠视了人如何对体育进行认识和运用。存在主义认为：体育教育的目标就是"自我完成"，人是主体。体育教育的"存在教育"注重对人存在的意义进行关注，引导人们使用良好的体育方式对自身存在的质量进行提高，帮助人们对体育进行科学认识以及对体育本身进行关注，以此增强自身存在的智慧。所以说，当前体育教育的真正诉求就是追求生命关怀的回归。要想让生命关

怀回归到体育教育当中就要做好以下三种回归。

（一）"生命为本"的回归

当前的体育教育以身体、健康以及生命等教育为主体，这就使得体育教育必然要回到"生命为本"的理念当中。"生命为本"就是人的肉体、社会以及精神等生命的综合体，它要求体育教育要以注重学生生命的真实存在为基础，要在对学生生命成长规律进行遵循的前提下，积极培养学生形成对自身生命进行保护以及对生命活力进行增强的能力，以此通过体育活动使自身的生命机体得到完善，从而实现学生的全面发展。同时，学校的体育教育要注重让学生学会对生命进行正确认识和理解，对生命的美丽进行真切感受，学校要为学生提供良好的平台供他们参与体验，以此来提高与社会相适应的能力。

（二）"体验生命"的回归

体育重在过程性，这也是体育教育非常大的特点，学生只有亲身体验体育活动过程才能实现自我。而体育的这种"过程性"特点就使得体育教育最终要回归到"体验生命"当中来。所谓体育教育的"体验生命"不是机械地对知识进行传递的过程，而是对过程进行体验。教师在向学生传授体育知识、技术技能的基础上，要注重为学生创设良好的体育学习情境，能够让学生主动参与到情境当中，把他们的主观能动性充分发挥出来，做到情境交融，在这样的过程中，学生既能对体育知识的魅力进行感受，又能获得自身人格的不断发展。

（三）"改善生命"的回归

我们所知道的体育就是锻炼人的体质、增强人的筋骨、使人的身心得到和谐健康发展，这种目标只是一个直接目标，这种认识也只是站在身体和表面的角度去看待的。而如果从生命的角度去看待体育，这种看法无疑是片面的。"改善生命"的回归就代表着体育教育要在完成直接目标的基础上，注重让学生得到生命的健康成长，对生命的价值进行追寻。体育不但能够锻炼人的体质和增强人的筋骨，而且还能对人的情绪进行调节与改善，这就对体育教育在学生成长中的作用进行了完美的诠释。体育教育的生命关怀是当前生命教育的本质需求，它既能让人实现全面发展，推动社会的进步，又能让整个体育事业持续与稳定发展。

四、体育教育中实施生命关怀的策略

（一）以关注生命为基础，更新教育观念

以往传统的体育教育重视人的技术和技能，它强调的是数字和精确，而忽略了学生对生命体验的内在追求，体能的发展是传统体育教育的发展目标，而这种发展目标彻底忽视了探询生命的意义以及追求生命的价值，使得体育教育在无形之中抹杀了人的直觉、童心以及人的灵性。随着我国市场经济的发展以及知识经济的深入，把人的幸福、自由、尊严

和人的价值相结合成了当今体育教育的主要目标。因此，体育教育工作者要及时更新教育观念，在体育教育当中既要对学生的生命数量进行关注，又要对学生的生命质量进行重视，要让体育教育成为学生愉悦的体验，在建构体育教学模式上要善于从人把握生命意义的过程中出发。同时，要把以往纯粹的体质锻炼理念转变到培养学生情感、塑造体育素养当中来，把学生的主观能动性以及创新能力充分发挥出来，以此来实现生命的和谐全面发展。

（二）以走出教学误区为目的，塑造全新师生观

事实上，学生对体育价值的观念和追求的体育价值深受体育教师素质的影响，体育教育中对生命关怀所实施的质量也同样与教师的角色意识有着直接影响。因为传统的体育教育多重视实践课，中国式的"武夫"教师所占的比重最大，这些教师通常在体育实践课中采用一刀切的教学模式，在教学内容上对所有学生使用统一的方式，体育教学中所谓的创新性、多样性、灵活性、开放性以及差异性等原则被完全忽视，体育教师缺乏创造性，不能够关注学生的生命质量以及学生的全面发展。所以，要想从传统的教育困境中走出来，就必须大力培养一些具备创新能力的体育教师，要有着比较好的综合素质，要注重对个体生命进行尊重、对个性进行关注。同时，要塑造一个全新的师生观，即教师是引导者和领路人，学生是主体，要注重以学生的发展为本，对学生追求生命的价值进行合理引导。要以生命关怀作为体育教育的主要目标，基于此，体育教师要做好以下三点：（1）对学生的个体差异进行尊重，注重激发学生对体育教育的学习热情。（2）建立平等的师生关系，让学生愿意与教师接近和互动。（3）要注重个性化教学，要认识到学生的差异性，能够因材施教，让每个学生都能实现全面发展。

（三）以营造良好环境为手段，提高生命关怀质量

要想实现体育教育的生命关怀，营造良好的环境不可或缺。学校要善于为体育教育营造一个真正能实现生命关怀的教学环境，要把校园"硬环境"和校园"软环境"有效结合起来。校园"硬环境"就是学校的一些体育环境，它包括体育课程的设置、体育设备的配备等这些外在的因素。"硬环境"能够让学生在感官上产生参与体育教育的兴趣，学校要积极设计一些与学生身心发展相符合的场地和体育器材，为学生营造一种优质的体育氛围。"软环境"就是学校的体育文化氛围。一种积极和谐的体育文化氛围既能够很好地把体育教师的教学激情给充分激发出来，又可以增强学生参与体育教学的欲望，以此与师生产生一个良好的互动。因此，学校要大力创设充满人性化的"软环境"，对学生的生命意识以及终身体育意识进行关注和培养，争取让每一个学生都能够拥有健康的体魄和美好的心灵。

第三章 高校体育教育理念与创新研究

第一节 "以人为本"教学理念

教育，是社会发展人才输出的主要渠道，新时期的经济发展多样化转变，也推进现代教育的人才培养多元化发展。为了保障社会人才输出与社会需求相互适应，我国实施全面化教育个改革，"以人为本"教育观正是基于这一教育发展现状，进一步完善教育改革的实际实施。

一、"以人为本"教育观概述

"以人为本"教育观，是指现代教育实施中，不仅要从教的角度开展教育，同样也要从学的角度对现代教育进行分析。"以人为本"教育理念更注重教育的实施与开展是在平等的基础上，教育不仅是提升学生文化知识的重要渠道，也是教师与学生进行沟通的平台。以高校体育教学为例，"以人为本"教育观的融合，可以实现体育教学的开展，不仅仅是课堂知识的学习途径，更是培养学生综合素养的渠道，可以通过高校体育教学的开展，逐步引导学生树立正确的体育理念，发挥现代教育对人综合培养的作用。对"以人为本"教育观的基本特征进行总结，其一，"以人为本"教育观具有双边性特点，"以人为本"教育观的实施，可以实现高校体育教学的基本目标，同时又实现体育教学适应现代大学生的基本体育学习需求；其二，人本性。"以人为本"教育观的实现，必须从教师、学生双向进行考虑，是结合人的基本发展需求，形成的新的教育指导理念，对我国现代教育的发展具有重要的指导意义。

二、"以人为本"教育观对高校体育教学改革的启示

高校体育是提升现代大学生综合素质中必不可少的组成部分，"以人为本"教育观作为现代高校体育教学改革中指导思想，有助于发挥高校体育教学改革的作用，实现现代教育整体结构的逐步优化完善。

（一）教育理念的转变

"以人为本"教育观，可以转变现代高校体育教育的整体结构，逐步引导现代高校体育教学理念的转变。一方面，高校管理教师在进行课程教学中，善于改变一刀切的教育观念，实施教育理念转变为从学生的实际出发，体育教学内容的开展，要结合学生对体育的认识水平、喜好开展体育教学，因材施教的教育理念是"以人为本"教育观在高校体育教学中融合的重要体现。例如：某高校体育教师进行教学时，在教学前，针对学生的教学进行分析，积极将体育教学内容与学生的学习实际相结合，从而使高校体育教学的教学理念进一步灵活性发展，体现了"以人为本"教育观在现代大学体育教育中的融合；另一方面，"以人为本"教育观在高校体育教育中融合、在教育理念的融合，体现为高校体育教学采取学生主动选择性学习，学生可以依照对多种体育课程内容的感兴趣程度，选择多样化体育内容，打破固定的体育教学理念，为学生的学科学习提供了更广阔的自由选择空间。

（二）教育形式的多元化

现代教育新理念。"以人为本"教育观在高校体育教学中的融合，体现在高校体育教学形式多样化。现代高校的体育教学重视程度上升，高校的体育教学基础设施逐步完善，教育形式逐步实现多元化开展。可以是室内体育馆体育教学，也可以是户外教学，综合型教育型形式为高校体育教育的实施，提供了更加完善的体育教学平台。例如：某高校体育教学的开展，为了充分调动学生的学习兴趣，在体育知识教学前，组织学生进行体育课堂小游戏，进行武术教学时，善于将教学内容与我国武术文化结合在一起，课堂教学趣味性增强，同时也更注重体育教学基本知识在课堂教学中的主体地位，实现高校体育教学中融合"以人为本"教育观；高校体育教学的形式多样性发展，也体现了为现代高校体育教学不仅仅是从身体锻炼角度对学生进行教育，同样也融合了与体育教学相关的教学文化知识，进一步加强了体育教学与其他学科之间的关联，不仅丰富了体育教学内容，而且提升了高校体育课程改革中的内涵性，"以人为本"教育观通过体育学科蕴含知识的逐步增加，促进现代高校体育教学新理念的丰富和发展，也是实现现代教育理念逐步优化与完善的主要途径。

（三）教育内容多样化

"以人为本"教育观在我国高校教育领域的融合，体现在高校体育教学内容的多样性发展。一方面，高校体育教学教育改革，逐步丰富现代教育内容，教学内容从单一的体育教学内容的开展，向内容丰富多样化教学种类的转变。例如：现代高校体育教学内容中可以包括主修体育课程和选修体育课程两部分，主修体育课程是对学生进行基础的体育训练，通过开设课程可以提升学生的身体素质；而选修体育教学内容，是依照学生的个人爱好，实施体育课程开展内容逐步延伸，为高校学生提供了更加广阔的体育学习空间；另一方面，现代高校体育教学改革中"以人为本"教育观的落实，也体现在体育教育课程的评价标准的多样化，分数不是衡量学生体育学科学习的唯一标准，仅仅作为高校对学生某一项体育技能学习的标记，多样化评价标准善于结合体育项目特点，学生对体育项目学习的接收程度进行更加综合的学科判断。例如：某高校在进行体育教学评价中，组织学生发挥想象，将学过的体育项目，编排为一段舞蹈。新型体育评价方式，不仅对学生对体育的学习兴趣大大提升，同时也实现体育教学能够打破单一的体育训练形式，实现学科教育在现代体育教学中创新性、多元化开展的作用，也是我国现代高校体育教育融合"以人为本"教育观的体现。例如：某高校的体育教学内容的学习课程不仅包含排球、羽毛球、足球等形式，同样也开展网球、橄榄球等西方体育运行教学项目，学生体育学习的种类多样化。而部分高校也将体育教学课程的设置按照男女进行分配，同样体育项目，体育教学的标准各有不同，实现了现代高校体育教学开展坚持"以人为本"教育观。

（四）学科意义的延伸

避免现代高校体育教学在我国教学中开展拘泥于课堂教学，拘泥于大学中，高校体育教学的开展，是培养学生体育兴趣爱好的主要渠道，例如：某高校把体育教学的课程设置为"你的体育梦想"作为教学的主要导向，引导学生通过体育课程，培养一项体育业爱好，并将这一爱好坚持下去，在校园内开展体育竞技比赛，发挥高校体育锻炼在学生自身发展中的作用，实现高校体育教学的实际意义，可以为现代大学生提供新的学习平台，发挥"以人为本"教育观在高校体育教学改革的逐步引导作用。

三、"以人为本"教育观在高校体育教学改革的实施原则

"以人为本"教育观在高校体育教学改革中的融合，是促进我国现代教育全面改革的发展新趋势，高校体育教育的开展在实现现代学生德智体美劳全面发展中占据不可替代的地位，但现代高校实施教育改革也要注重教育改革遵循的原则。

（一）因材施教原则

"以人为本"教育观在高校体育教学改革的开展，实现了现代教育发挥促进人全面发展的作用，高校体育教学改革，坚持开展因材施教，"以人为本"教育观在高校体育教学改革中的实施，与我国高校人才培养多样化发展紧密联系，不同高校类型，学生的学习能力也各有不同，实施"以人为本"教育观在高校体育教学改革时，必须善于从高校学生的基本情况入手，保障现代教育开展发挥其灵活多样的实施特点，促进现代高校体育教育教学工作全面展开。例如：普通高校学生的体育训练应当引导学生学会基本的体育技能，达到锻炼身体素质的作用，而针对体育专业院校的学生，不仅要培养学生的体育技能，更要实现体育教育专业性开展，推进我国现代高校体育教学全面改革的实施，发挥"以人为本"教育观在高校体育教学改革中的理念指导作用。

（二）延伸性原则

"以人为本"教育观在高校体育教学改革中开展，坚持体育教学改革延伸性开展。教

育改革不是一蹴而就的，我们实施现代教育结构逐步优化，教育开展结构更加完善，实现现代高校体育教学改革要循序渐进地实施，新型教育形式在我国高校体育教学中的开展，要随着高校体育教学的实际逐步实施，从而进一步发挥"以人为本"教育观在高校体育教学改革中的融合引导中的作用，例如：我国现代高校实施体育教学的开展工作，要有计划、有目的地开展，逐步完善高校体育教学改革教师队伍、教学课堂设计、教学内容等方面，优化现代高校体育改革工作开展合理有序地进行，推进现代整体教育发展的逐步优化，将"以人为本"教育观在高校体育教学改革中的开展合理有序地落实，扩大其工作的改革完善空间。

（三）层次性原则

高校体育教学工作的开展，应当坚持"以人为本"教育观在高校体育教学改革中的融合具有层次性原则，高校学生的自身发展水平存在差异，因此，体育改革应当结合学生的体育教学开展情况逐步实施。例如：高校实施体育教学改革，可以在高校中选择具有代表性班级进行改革试验，并提供学生在体育教学中的表现，对"以人为本"教育观在高校体育教学改革的开展情况做出评价分析，及时对现代高校体育试验改革中存在的问题进行改善，逐步优化高校体育教学开展的实际环境，推进现代体育教学工作全面性开展。"以人为本"教育观的实施，是现代教育逐步发挥其作用的直接体现，结合现代高校体育教学改革的实际，对"以人为本"教育观的分析，主要从教育理念、教育形式、教育内容以及教学延伸等方面，为推进现代教育改革的进一步完善提供发展的新动力。

第二节 "健康第一"教学理念

以"健康第一"理念为引导的高校体育教学改革，要明确在健康视域下高校体育的发展目标，更加科学化地规划高校体育教学内容。高校体育教学的发展应当随着高校对健康教育理念的推行而不断深入，并且以有效的高校体育教学评价制度进行引导，高校建立以"健康第一"为思想指导的体育教学评价制度，能够实现高校体育教学的自我调整和自我发展。

高校体育教学改革以"健康第一"理念为指导，旨在强调高校体育教学"以人为本"的特性，从而建立以学生身心全面发展为核心的现代高校体育教学制度。高校体育教学改革应当将体育教学作为学生全面发展的重要内容，引导学生重视健康教育的学习，从而进一步深化高校体育教学的终身体育价值。

一、"健康第一"理念下高校体育教学改革的目标

以"健康第一"理念引领的高校体育教学改革，要明确"健康第一"理念对高校体育

教学价值的提升作用。高校体育教学作为高校培养全面综合人才的重要机制和平台，要承担起培养学生全面发展的职责。高校体育教学不仅是为学生提供了体育活动教学，而且还要通过体育教学来深化体育的教育功能和价值，以体育教学作为开展相关体育实践的基础，从而为学生以后的社会性实践打下坚实的物质基础和精神基础，提高学生社会适应能力。对高校人才培养而言，高校体育教学应当作为人才发展的重要环节，以学生健康作为开展体育实践的目标，能够引导学生在身体和心智方面得到发展，充分利用体育实践来不断提升学生的体育实践素养，从而建立学生的终身体育意识和习惯，不断强化健康体育对学生人生发展的重要作用。高校以"健康第一"推进体育教学改革，其目标就是实现体育教学"以人为本"的教育价值，将体育健康知识、体育实践能力和体育素质教育融入高校体育教学中，不断深化高校体育教学的育人本质。高校传统的体育教学割裂了体育教学和体育实践、学生发展和体育教育之间的联系，高校要以"健康第一"理念重塑体育教学和体育教育的价值，改变落后的体育教学方式，以全新的"以人为本"的健康教育发展理念重构体育教学内容，从而为学生的全面发展提供更加科学化的体育教学内容和人才培养标准。

"健康第一"理念下的高校体育教学应当把体育教学内容作为学生体育实践的起点，引导学生在更加社会化的体育教学和体育实践中获得更加全面的发展。高校体育教学要促使学生积极行动起来，与此同时，高校要在体育教学中增加创新性和社会性的教学内容，引导学生在体育实践中获得社会化体育实践上的锻炼。例如在体育教学实践中，高校以行业需求来制定相应的体育实践标准，引导学生在体育学习及体育实践中不断以较高的体能要求和素质要求提升自己的体育实践能力。同时学生在特色化、行业化、社会化的体育实践中能够获得相应的体育素养的培养和锻炼，提升自身的体育实践创新能力和协作能力，从而提升自己的体育综合发展素养。"健康第一"理念高校体育教学实际上是以健康为先、对学生体育教学发展进行系统管理，那么高校体育教学改革就务必使学生在体育教学中获得更加科学化的发展指导，高校体育教学要公平地、全面地覆盖学生，建立学生健康发展数据库，以科学化的学生健康标准引导高校体育教学内容的改革和创新，将高校体育教学作为高校开展素质教育的重要一环，深化体育教学的教育价值，培养学生更加个性化、社会化的体育实践能力。高校以"健康第一"理念引导体育教学改革创新，要将体育教学发展规律同学生发展需求、社会对人才的发展要求紧密联系起来，实现高校体育教学的科学性、前瞻性。在引导学生全面发展的同时，也促进高校体育教育的现代化发展。"健康第一"理念应用于高校体育教学，既是对高校体育教学的创新改革，推动了高校体育教学更加适应社会和学生的发展要求，同时又是对大学生培养方式的一个创新。未来人才的培养一定是身心全面发展的综合型人才培养，那么高校体育教学必须承担起提升学生身心素质的责任，以更加科学化的健康体育教学推动学生的全面发展。

二、"健康第一"理念对高校体育教学内容的创新

高校在体育教学中要充分展现"健康第一"的理念，就要秉承学生在体育教学中能够获得终身受益体育价值的原则，将引导学生的身心发展作为高校体育教学内容的重点。同时将"健康第一"作为高校科学化体育教学的方针，不断引导高校建立更加全面和具有创新性的理论与实践相结合的新型体育教学，根据学生的发展规律建立完善的高校体育教学制度。

"健康第一"理念下的高校体育教学，核心内容在于实现学生终身体育与现代健康发展理念的结合，将时代发展对体育和学生的发展要求同学生的学习、发展规律统一起来，实现高校体育教学价值的扩展，在丰富学生体育实践方式的同时，也进一步深化高校体育教学对学生全面发展的作用。"健康第一"落实到高校体育教学内容中，还要强调对学生身体素质发展的要求，为此高校在体育教学中应当将学生的实际体育锻炼和实践应用放在重要位置。高校体育教学和相关体育实践可以根据学生不同的身体素质和体育实践要求，建立个性化的体育教学和锻炼方案，以满足学生不同的体育发展要求。高校在体育教学实践中可以将地域体育活动同高校体育理论教学联系起来，引导学生积极参与更加科学化的、具有趣味性的体育实践，高校在促进学生参与体育活动的同时，也实现了对地域体育文化的传播。将健康理念渗入高校体育教学中，应当既包含对学生身体锻炼的要求，又要体现对学生心理锻炼的教育和引导。高校体育教学对学生的心理锻炼应当符合学生的发展需求，并且是带有积极的社会化实践的体育教学活动，引导学生在社会化体育实践之中获得由身到心的锻炼和发展，让学生在提升自身身体素质的同时，实现体育锻炼对自身心理健康的发展作用。

"健康第一"理念下的高校体育教学内容的创新，不是为了彻底改变原有的高校体育教学内容，而是将健康概念融入高校体育教学中，使高校体育教学更加符合学生的发展要求及高校体育发展的要求，从而真正实现高校体育教学对学生全面发展的价值。传统高校体育教学在教学目标上过度强调体育的竞技化，这虽然能够为学生的体育实践和身体锻炼设定硬性标准，提升学生的身体锻炼水平，但是过于指标化、组织化的体育教学是不符合学生的个性化体育发展要求的，高校要将体育教学转变为体育健康教学，以科学化的教学项目、教学方法、教学指标增强学生对体育知识的学习，促进学生主动参与体育实践活动，让学生在体育学习中真正获得身心发展，从而建立起终身体育意识和习惯，真正落实"健康第一"理念下体育的综合价值。高校要实现体育教学内容的生活化，不断拓宽学生体育锻炼和体育实践的场所，让体育锻炼成为学生的一种生活习惯。高校体育教学要向学生传授更多的运动方式，让学生体会到健康运动的乐趣，引导学生主动参与体育活动。高校体育教学除了要向学生传授相关的体育运动技术和体育方法之外，还要以科学化的运动理论指导学生的体育实践，这样既保证学生在体育锻炼和实践中的合理性和健康性，又能够引

导学生根据自己的身体锻炼需求，制定个性化的体育锻炼方案，同时还可以帮助高校及时掌握学生的身体状况，从而为学生提供更加科学化的指导。

三、构建以"健康第一"理念为指导的高校体育教学评价体系

高校构建以"健康第一"理念为指导的体育教学创新体系，在落实相应的体育教学时，应当重视对体育教学的有效评价，从而以更精准的评价数据引导高校体育教学的创新发展。"健康第一"理念指导下的高校体育教学评价，能够更科学化地评测体育教学与高校素质教育之间的契合度，从而推动高校体育教学的发展，实现体育教学的育人价值。

本节以 12 所普通高校的体育教学作为调查样本，进一步分析了在"健康第一"理念下高校体育教学评价的目的、内容和方法的有效性。高校体育教学评价体系的目的主要是促进学生体育知识理论的学习、检验体育教学效果，从而实现高校体育教学质量的提升、落实高校育人目的，高校体育教学评价体系的内容也主要集中在对学生体育基础知识、身体素质、运动技能和学习态度的考核上。高校体育教学评价体系的初衷是确保学生在高校体育教学中的体育学习和体育发展，但是在具体的操作中，高校仍然无法充分发挥体育教学评价体系的作用，究其原因主要有以下三点：第一，高校体育教学评价体系过于理论化，无法与高校体育教学实践完美结合。高校体育教学评价体系在理论上明确了高校体育教学评价的作用，它可以指导高校主动发现体育教学中的问题，不断优化体育教学内容，确保学生的体育学习质量和体育实践质量。但是在具体的高校体育教学评价中，大多数高校仍将体育教学效果置于学生的体能考核中，也就是说，高校对体育教学的评价依然是考核学生的身体素质发展状况，而没有在学生心理健康、教育、体育实践的社会化等方面实现对体育教学和学生发展的有效指导。第二，高校体育教学评价体系没有做到应用的合理性，导致评价目标难以实现。高校体育教学评价要根据高校体育教学的实际状况和发展目标找出体育教学中的核心部分，而不是实现对高校体育教学评价的面面俱到，同时在新时代发展下的体育教学评价，应当着重关注体育教学的人文教育和体育健康实践部分，这也是引导学校深入开展体育学习和实践的关键。第三，评价方法不够科学。高校体育教学评价体系应当以体育学、心理学、教育学、社会学等学科知识理论为依托，深入考核高校体育教学的育人价值，以学生的全面发展作为高校体育教学开展的方向，确保高校体育教学的评价能够有效反映学生体育学习现状和发展需求。

以"健康第一"理念作为高校体育教学评价的指导原则，高校应当建立起更加科学化的健康体育思想，将学生的身心健康发展作为高校体育教学工作和体育教学评价的核心，以此确保高校体育教学的素质教育功能。在素质教育观的引导下，高校体育教学评价更加趋于对体育教育价值的考核，同时也推进了高校体育教学对学生发展的影响，培养学生终身体育能力，促进学生的终身健康发展。传统高校体育教学强调对学生身体素质的锻炼，这对学生的发展评价和指导是片面的，"健康第一"理念下的高校体育教学和教学评价重

视对学生身心体育实践的统一，实现高校体育教学对学生身体教育和心理教育的整合，这既符合当前社会对人才的发展要求，又进一步落实了"健康第一"理念对学生全面发展的作用。高校应当建立完善的"健康第一"理念下的体育教学评价体系，深化高校体育教学的健康教育和育人特性，以学生的身心全面发展作为评价高校体育教学效果的重要标准，最终达到培养学生综合体育健康能力的目的。

第三节　"终身体育"教学理念

本节采用文献资料法等研究方法，对终身体育教育与高校体育改革的互动关系展开探讨。研究认为，将终身体育教育与高校的体育改革联系起来使二者相互促进，能确保高校体育改革的效果，让学生的体育综合素质得到提升。因此应转变教师的体育意识和体育概念，完善高校的体育理论教育体系，建立一整套终身体育教育模式，不断规范课程设置和教材编写，将课内教学与课外实践联系起来。

高校体育教育是整个大学阶段比较重要的一个教学环节，为学生的健康教育与素质教育起到了一定的推动作用，让学生明白良好的身体素质对大学学习的重要作用，并不断对自己的综合素质进行锻炼。近年来我国的体育教学改革正在不断地推进，很多高校都针对体育改革制定了比较新颖完善的教学体系，将教师的教学理念和学生的学习方式进行创新，并将终身体育的理念进行贯彻，终身体育理念的养成与高校体育教育改革有着非常重要的联系，在高校体育教学改革当中，教师应该将这二者联系起来，要采取相应对策增加终身体育与高校体育改革的互动，这样既能让学生养成终身体育运动理念，也能够推动高校的体育改革。

一、终身体育与高校体育改革互动的意义

（一）让学生养成良好的运动习惯

终身体育理念是高校体育改革的一个基本教学目标。在体育教学改革过程中，教师应该让学生逐渐养成终身体育的运动理念，明白终身运动为自己的成长和发展带来好处，从而自觉养成参加体育运动的好习惯，不再将体育课当成一个繁重的教学任务，而是能主动投入到课堂建设中来。通过终身体育教育与高校体育改革的互动能够让学生养成良好的运动习惯，学生也能够在教学改革过程中懂得更多的体育运动知识，并找到相对适合自己的体育运动，在学习的过程中最大限度地避免运动损伤，通过良好运动习惯的养成来提升体育运动的效果。

（二）帮助学生培养创新和实践能力

终身体育的运动理念是教学改革的产物，在素质教育中就包含着对学生终身体育理念

的养成，让学生不仅仅在体育课堂上进行相应的体育锻炼，而且在平时的生活中也能够适当接触比较适合自己的运动。此外，在终身体育与高校体育改革的互动过程中，很多高校学生也能够参与到教学改革中来，通过自己的意见反馈来创新教师的教学方式，教师对现阶段的教学进程进行调整，使得更多的学生适应教学过程，在这样的教学方式下学生的体育实践能力能够得到很大的提升，在参与教育改革的过程中，学生的创新能力也会得到一定的改善，有利于学生的创新发展。

（三）能够进一步提升学生的综合素质

高校学生的素质教育是近年来的教育重点环节。教师应该不断调整教学方式，创新教学理念，让更多的学生能够适应教学改革的进程，在人才培养的过程中不仅应该注重学科成绩的提升，还应该保证学生具备良好的综合素质，将教学的侧重点放在提升学生的综合素质上来，不断明确高校人才的培养方向。高校体育改革是提升学生综合素质过程中一个比较关键的教学环节，终身体育也是高素质学生应该养成的一种运动理念，将高校体育改革与终身体育进行充分互动能够不断提升学生的整体素质，让学生在体育课堂上发掘自己的综合潜力。

（四）能够培养学生的终身体育概念

在素质教育不断推广的进程中，终身体育理念是一个非常关键的教学理念，教师应将体育教学的重点放在终身体育理念的培养上，让学生养成终身体育的运动习惯，接受教师在课堂上的教学方式，通过学生与教师的共同努力实现高校体育教学改革与终身体育理念的培养。在体育教学改革中，教师可以向学生渗透终身体育对自己发展带来的重要作用，并通过一些教学方式的变换来改变课堂气氛，以此来吸引学生对于体育运动的兴趣，这样的教学方式使得学生能够在课下产生主动参加体育运动的意识，有利于培养学生终身运动的体育理念。

二、推动终身体育教育与高校体育改革的互动对策

（一）转变教师的体育意识和体育概念

在传统的高校体育教学中，教师更加侧重对学生进行体育实践课程的示范，并让学生进行相关运动技巧的记忆，很少涉及关于体育理论知识的讲解，这样的授课方式使得学生对体育知识和相关运动技能的了解越来越少，并且很容易在体育实践的过程中出现一定的运动损伤，进而降低了学生对相关体育运动的学习积极性。所以，在将高校体育改革与终身体育教育互动过程中，教师首先应转变自己的教学观念，注重体育概念和相关运动知识的讲解，利用互联网资源对学生更加形象地展示，让学生在运动过程中尽量避免损伤，有利于终身体育教育的推动。

（二）完善高校的体育理论教育体系

现阶段很多高校的体育教学体系还不够成熟，部分学校的教师仍然具有较为老旧的教学理念，导致教学体系始终得不到适当的创新和完善，教学效率也不可能在短时间内得到明显的提升。教师应针对目前的教学改革推进情况制定一套比较完善的教学体系，并不断根据学情的变化对相关教学内容和方式进行调整，同时教师也应该在教学改革过程中加入终身体育理念的传播，并在整套教学理论体系中加入对终身体育相关概念的介绍，融入教育改革与终身体育的理念，对传统的理论教育体系进行调整，保证整套理论体系的逐渐完善。

（三）建立一整套终身体育教育模式

现阶段随着高校体育教育改革的不断推进，很多学校的教师已经认识到了高校体育教学改革和终身教育的重要性，所以教师应将体育教学改革和终身体育的教育过程进行一定的融入，让学生真正投入到终身体育的学习中，认识到终身体育教育对自己今后发展的益处。教师在教学改革过程中应该建立一套相对完善的终身体育教育模式，制定相对丰富的教学目标，让学生获得更丰富的关于终身体育教育的知识，并对课堂教学过程和课后反馈机制进行详细的计划，保证终身体育教育过程的完整性，使整套体育教学发展模式适应更多不同类型的学生，进而提升终身体育的教学效果，推动高校的体育教学改革进程。

（四）不断规范课程设置和教材编写

目前很多高校的教师还是将教学侧重于体育实践活动上，忽略了对学生进行体育理论知识和运动注意事项的讲解，没有充分发挥出体育教材的作用，很多高校的体育教师在整个学年的教学中都没有进行体育教材的讲解，学生在课下也很少对相关体育教材进行学习，对高校的体育教学效率造成了很大的影响。很多体育教材中都包含对终身体育理念的教学，并向学生传达终身体育的好处，让学生对整个体育改革过程产生更多的兴趣，所以教师应该重视体育教材的讲解和剖析，不断规范课程设置和教材编写，详细规划好体育理论教材讲解和实践过程的课程分配，将教材内容进行定期整合。

（五）将课内教学与课外实践联系起来

终身体育的教学理念是为了让学生不仅在体育课堂上能够参与相关锻炼，而且在课外实践中也能够主动进行体育活动，所以教师在终身体育教学过程中应该注重体育课堂上教学与课外实践的结合，让学生能够真正体会到终身体育的意义，在课外也鼓励学生进行课堂理论知识的实践，并鼓励学生带领更多人参与到终身体育教育中来，在很大程度上推动了高校体育教学的改革，并让学生在体育课堂上能够充分展示自己的能力，将体育课堂当作一个发挥自我优势的过程，这样的教学方式有利于体育教学改革与终身体育教育的融合，让学生在高校体育课堂上自觉养成终身体育的理念，实现高校体育教学目标。

终身体育与高校体育改革互动是非常关键的，符合未来的高校教学改革趋势，能够让学生养成相对完善的运动习惯，让学生逐渐意识到终身体育的重要性，在教学改革的过程中对学生的创新能力进行锻炼，提升学生的实践能力。教师应采取相应策略推动终身体育教学与高校体育教学改革的互动，创新教师的教学理念，改善教材的编写过程，逐渐提升高校体育的教学质量。

第四节　坚持体育教育理念创新的注意事项

现如今各行各业的发展都需要有大量高素质人才的支持，而当前我国也在积极推进素质教育，使得人们对体育教学的重视程度逐步提升。受到传统教育观念的影响，高校并没有把体育教育放在重要位置，在相关教育方法地选择和运用方面不够合理，影响了体育教育有效性，同时也给创新教育理念在体育教学中的渗透带来了阻碍。为了彻底改变这样的现状，高校要立足目前学生的体育素质和体育学习特征，加大对学生创新素质的培养力度，对体育教育方法进行改革，最大化发挥体育教育的功能，培育出更多优秀人才。

一、创新教育理念在高校体育教学中落实的重要性

伴随时代进步和社会变迁，教育观念也开始走上了革新之路。创新教育理念是当前我国在教育事业改革当中大力推崇的核心观念，代表的是全新的教育思想、方法与模式，在我国教育事业的推进过程中发挥着至关重要的作用。全新的体育教育形势给高校体育教育提出了更高要求，需要高校加快教育改革步伐，将创新教育理念融入体育教学实践当中，有效达成教育创新改革的目标，最大化发挥体育教学的功能。体育学科是高校学科体系当中具有特殊性的一门课程，在培育学生身心素质乃至整体素质方面都有着积极作用，但是同时也常常是学校与学生容易忽视的课程。创新教育理念下的高校体育教育要求促进学生终身体育理念的形成，培育学生主动参与体育锻炼的优良习惯，积极落实健康第一的体育教育思想，让学生的体育综合素质以及自主性得到充分锻炼，最终推动体育教学的长效进步。因为大学阶段的学生各项身体器官机能已经达到比较完善的程度，同时在心理方面也朝着成熟化方向发展，所以大学时期是培育良好体育习惯的重要时期，更是提高他们体能素质、树立终身体育观念的最佳阶段。在这一阶段打好体育基础，有益于学生的身体健康，也有益于他们的综合素质发展，提升就业能力，让学生适应社会并且受益一生。

二、高校体育教育创新改革的原则分析

创新教育理念是如今教育改革背景下具有前瞻性和深远意义的教育思想，将这样的思想理念用于高校体育教育的指导能够有效助推高校体育教育改革，保证高校教育与时俱进，适应时代发展需要。高校体育教育在创新理念指导之下推进改革活动，必须遵照以下几项

原则：第一，规律性。高校体育教育要在教学创新的过程中，加强对规律的把握和探索，抓住体育教育的本质，在科学规律的引导之下对体育教育内容、目标、机制、方法等进行合理化调整，只有这样才能够通过规律的把握，提升体育教育和理性融入创新性的教育理念，保证体育教学有重点、有计划地推进创新活动，保障体育教育有效性。第二，一致性。高校在创新体育教育时，需要关注和把握一致性因素，深层次分析主观和客观因素，统筹把握教育创新当中的问题，有针对性地提出科学有效的应对方法，保证创新策略的一致性，更好地贴合体育教育的实际特征。第三，人性化。高校体育教育创新的目的在于促进学生综合素质的发展，于是在教育创新环节要注意坚持人性化的原则，落实以学生为本的思想，尊重学生的本性，满足学生的多元化学习需要，助推学生的全面成长。第四，系统性。体育教育创新要想提升整体成效，就需要从系统性角度出发，构建立体稳定而又系统全面的教育创新机制，总结归纳多元化的体育教育解决策略。第五，发展性。高校体育教育的内外部环境处在动态发展变化之中，因此在创新体育教育的过程中要有发展性思路与目光，不断优化改革创新思路和观念，实现与时俱进。

三、创新教育理念下高校体育教育改革的策略

（一）坚持人本教育思想，丰富体育教育内容

不管是哪个阶段的教育要想获得大的发展，必须有正确的思想引领教育方向，使得教师能够把握教学方向，避免让教育实践活动偏离正常轨道，同时也让学生明确自己的学习发展目标，走向成长与成才之路。教育教学是为服务学生而存在的，所以在高校体育教学创新当中仍然不可忽视教育的这一特性，始终秉持以学生为本的教育思想，促进人文精神在体育教育当中的渗透，激起创新改革的活力与动力。体育教学本身就是比较愉悦轻松的教育实践活动，所以在具体教学环节，教师要潜移默化当中渗透人本教育理念与人文精神，让原本和谐愉悦的课堂气氛更为热闹和积极，让课堂活起来，才可以激发学生的学习热情，让学生的创新素养得到发展。教师要积极改变自身的教育观念，注意结合学生的实际需求，调整自身的教育方案，切实发挥体育教育的作用，愉悦学生的身心。为了凸显对学生学习需要的重视，教师要在正确理念的引导下，不断创新和丰富体育教育内容，比如在体育内容体系当中融入体育游戏、情景表演、体育舞蹈等内容丰富和形式多样的活动，这样既锻炼学生的身体素质，又愉悦和满足学生的心理诉求。

（二）运用现代教育手段，创新体育教育活动

在互联网时代到来的背景下，越来越多的现代教育手段开始广泛应用到高校教育实践中，给高校教育改革的顺利推进提供了动力。但是综观体育教育现状，教师常常会忽略体育教育和现代教育技术的整合，不能够让学生感受到体育学习的魅力与乐趣，也影响到学生体育素质的发展。为了彻底改变这样的局面，教师需要在创新教育思想的支持之下，把现代教育手段和体育教学融为一体，让学生拥有更加立体生动的体育学习环境，发展学生

的创新学习能力，为我国创新教育的推进实施打好基础。体育理论知识具有抽象复杂的特点，会给学生带来很大的学习难度，于是教师可以把理论教学和互联网教学手段结合起来，激发学生的学习动力，让理论教学不再枯燥单调。例如，在篮球教学时，为了让学生掌握篮球的发展、规则、投法等理论知识，教师可在课堂上用视频方法播放篮球竞赛的片段，边展示边进行一定的语言说明，帮助学生消化吸收理论知识。另外，在教学体育运动的要点时，为了让教学更加生动直观，增强学生对技术要点的掌握能力，教师可以用动画形式展现在学生面前，利用现代教育手段让学生感知动作运行的全过程。

（三）创新体育教学方式，培育终身锻炼习惯

创新性的体育教学方式在提高体育教育质量方面发挥着积极作用，而且传统的体育教学方式经过实践证明存在一定的缺陷，不能够促进学生终身体育思想的形成，影响学生终身锻炼习惯的养成。在创新教育理念的指导下，一方面，高校要将体育理论和实践教学进行整合，通过理实结合的教学方式促进学生理论素养和实践技术技巧的综合发展。这样的教学方式除了提高了对学生的要求之外，还给教师提出了要求，需要教师在日常教育当中注意积累和筛选理论知识，形成系统完善的理论体系，并在设计实践活动时提高与理论知识的契合度，彻底改变过去理论和实践脱节的教育状况。另一方面，高校要把人格培育和技术教学整合起来，最大化地发挥体育教育的功能。在理论教育中，教师要对学生进行意志品质的培养，如在田径中长跑理论教育中培育学生顽强拼搏和勇往直前的毅力与精神；在体操理论课程教育中，培育学生团结协作、勇敢果决的心理品质。另外，为了提高学生的技巧掌握能力，教师可以将学生划分成不同的学习小组，通过分组协作的方式完成技术教学目标，增强体育趣味性。

（四）建设体育师资队伍，引领高校体育创新

体育教师是高校体育教学的直接引导者，教师的教育观念和教育模式的落实与体育教育质量存在着直接关联。通过对大量的研究调查进行总结归纳发现，高校体育师资距离专业师资水平还存在着很大的差距，而因为受到教师综合素质水平较低的影响，制约了创新教育理念在高校体育教育改革当中的渗透，影响体育创新有效性。所以打造一批专业素质过硬的体育师资团队已经刻不容缓，不断提高体育教师的综合素质与教育教学能力，已经成了当务之急。高校需要在体育师资力量培养方面加大重视和投入力度，定期组织教学交流活动，让广大体育教师沟通和总结体育教育中存在的问题和缺陷，以便提出针对性方案予以纠正，切实落实体育教学创新改革措施。除此以外，高校要激励和提倡体育教师接受再教育和进行再学习深造，让他们在学习实践中不断完善自身素质，吸收大量的先进思想与方法，更好地对学生进行系统科学的体育教学指导。

（五）开展多元教育评价，提高体育教育质量

在创新教育理念下对高校体育教育进行重新审视，发现目前体育教育当中存在的一个重要问题是教学评价方法非常单一，只是运用单一的成绩考评方法，而这样的考核方法根

本不能衡量学生的身心素质，也难以推动学生的全面发展，甚至已经成了体育教师落实体育教育目标的巨大阻碍，所以在创新教育思想的指引下，高校要积极创新评价方式，除了注意考核和评估学生体育技能之外，还要从多个维度出发培养学生多方面的素质技能。在实际教学环节，教师可结合学生的课程表现给予针对性评价，不过评价的内容除涉及专业技能之外，还要对学生的参与度、帮助他人、团结协作、创新表现等方面进行综合点评，把学生日常学习的表现纳入终极考核内容。另外，教师要让学生成为评价的主体，鼓励学生进行自我点评和学生间的互相点评，给出学生最为公平公正的评价，既让学生的学习动力被激发出来，也让学生感受到来自教师的关爱，提升体育学习动力。教师需要做好教学反思工作，通过教学反馈结果，评估自身在教育教学中存在的疏漏和不足，经常思考与探究如何让体育教育目标更为高效地达成。

教育是培养民族希望与未来的重要路径，因此教育要面向未来，具备预见性，特别是把创新教育理念和教育教学融合起来，避免束缚学生的创造力，培育出更多创新人才，给高校教育教学活动注入活力。体育作为培育学生体质和综合素质的学科，必须得到高校的重视，也要求高校将创新教育理念和体育教育改革进行渗透与整合，满足学生创新发展的需要，切实建立起高校体育教育创新体系，为高等教育的发展提供有力保障。

第五节　立德树人与高校体育教师素质提高

党的十九大报告指出"建设教育强国是中华民族伟大复兴的基础工程"。当前我国高等教育体系更趋完备，教育公平迈出重大步伐，综合改革纵深推进，人才培养质量和科学研究水平稳步提升，为经济社会发展提供了重要支撑。要想实现这个目标，体育教育是其发展中不可或缺的一环，要全面贯彻党的教育方针，落实立德树人根本任务，发展素质教育，推进教育公平，培养德智体美劳全面发展的社会主义建设者和接班人。因此体育教师所承担的历史使命，直接关系到我国 21 世纪人才培养的素质和质量，当前培养高素质的体育教师队伍是培养当代中国大学生身体素质和心理素质的一条重要途径。

"培养什么样的人，怎样培养人"是我国教育事业发展中必须解决的根本问题。俗话说"国无德不兴，人无德不立"，立德树人，不仅关系党和人民教育事业的发展，也关系到整个中国特色社会主义事业的全局和长远发展。习近平总书记始终把"理想信念"作为"灵魂"在落实立德树人根本任务中加以强调，提出了诸如："理想信念指引人生方向，信念决定事业成败，没有理想信念，就会导致精神上的缺钙"等一系列新论断、新理念。立德树人实际上是把人放在第一位，坚持了以人为本的理念，在教育上把以人为本放在首位，重视人道德品质的培养，彰显人的价值；同时也是社会主义核心价值观的体现，重视学生思想政治素养的培养，使学生更好地树立世界观、人生观、价值观。

一、立德树人对普通高校体育教师素质提高的要求

（一）立德树人，学高身正

立德，就是坚持德育为先，通过正面教育来引导人、感化人、激励人；树人，就是坚持以人为本，通过合适的教育来塑造人、改变人、发展人。现在社会正处于多元文化时代，人们获取信息的途径也越来越便捷，但是在市场经济体制下，享乐主义、拜金主义、极端个人主义思想无时无刻不在侵蚀人们的思想，这也需要正确的价值观引导。何为体育精神？简单来说就是健康向上，不抛弃、不放弃。在高校的体育教学中，教师所接触的是成长发育接近成年的大学生，学生的主体意识与独立意识较强，老师的一言一行都在影响着学生的价值观构建，倘若体育教师满口脏话，道德品质败坏，不能传达正确的体育价值观，如何引导培育学生的身心健康成长呢？教师职业道德又称"师德"，是教师从事劳动所必须遵守的行为准则和必备的道德品质。汉代的董仲舒把"三纲五常"作为教师职业道德的核心要求，又说"善为师者，既美其道，有慎其行"，指的是教师的道德品质、知识才干、言谈举止等。

如果一位教师拥有高尚的职业道德，在工作中将会为学生树立榜样，在潜移默化中影响学生，以培养学生良好的思想品德，增强教师教育的可信度、吸引力和有效性。因此，立德先立师，树人先树己，言传身教，以身作则，为人师表，尊重学生，以良好的道德风范和思想去影响学生，与学生共同成长。

（二）立德树人，授业解惑

一位优秀的体育教师应该有科学的教育观，合理的知识体系结构，多样化的体育教学方法与创新能力。在高校体育教学中，体育教师不仅要有较丰富的专业性知识，对其他学科的学习也要有一定的了解，比如，如果体育教师不了解人体运动时各器官的结构及其生理功能的变化规律，在对学生的身体素质的发展训练中不但起不了正确锻炼的作用，还会对人体有一定的危害。在普通高校的体育课上，学生大多是选择自己感兴趣的运动项目来进行运动锻炼，带有对此项目学习的目的性，这时体育教师承担的就是传道授业解惑的育人任务。这时体育教师不仅要根据每个学生的身体素质和心理特征来进行训练，还要把自己所掌握的科学知识，通过良好的教学方式方法传授给学生，促进学生的身心全面、和谐的发展。

但是如果教师只注重知识和能力的传授而不注重从学生的和谐与长远发展出发，那就会背离"立德树人"的本质，使教师的"授业、解惑"扭曲与异化。因此，立德树人，授业解惑，培养体育教师正确的世界观、人生观、价值观，有利于促进学生知识技能和身心健康发展。

（三）立德树人，回归本源

新世纪的体育教师，必须具有素质教育观，终身体育的教育观，在当前市场经济的冲击下，一些高校体育教师热衷于课外的俱乐部培训、经商、炒股等行为，导致教师在上课时精力不足、敷衍了事，这些都违背了作为一名合格教师应有的责任。目前，我国的在校大学生整体身体素质水平处于较低水准，虽然我国的生活水平在不断地提高，但由于陈旧观念的影响，重文轻武，片面追求升学率，在中学时期，缺乏相应的体育锻炼导致学生身体素质下降，众多肥胖的学生出现，因此在高校时期的体育锻炼是非常有必要的，高校的体育教师不仅要带领学生进行体育锻炼，激发学生的兴趣，而且要引导学生培养吃苦耐劳的精神，树立正确的价值观。所以高校体育教师必须具有强烈的时代感，不受固有观念、陈旧思想的约束，敢于创新，提高自己的业务与理论水平，提升自我价值。

二、立德树人视域下普通高校体育教师素质发展的差距

（一）学科知识结构单一

在学校体育界，评价一位体育教师是否优秀，大多是看他是否有较高的专业技能水平，而不是看他能否提高学生的身体素质水平，这对高校培养体育教师带来了一定的偏差，在高等体育院校以及综合类大学培养体育教育人才中，大多重视对体育技能的传授，忽视了对综合素质的培养，重武轻文，导致大批学生对其他学科了解甚少，只对某一技术有深入的了解，这样在他们教书育人的践行中难以推行素质教育，教学就是教师的教和学生的学为一体的，单一片面的知识传授，学生难以全面发展，这样的言传身教，立德树人难以实现。

（二）教育思想陈旧落后

大多数的高校体育教师上课方式陈旧，难以调动学生的积极性，比如在排球课上，只是学习简单的传球与垫球，这些最基本的单一技术动作很难调动学生的积极性，若是在课中加入技战术组合，学生的兴趣就会增加；反之，学生很少接触到体育锻炼，不利于体育技能的掌握和学生自主学习与创新能力的提高。随着经济社会的发展，传统的体育项目难以满足学生的兴趣需求，高校可以进行体育调查，结合学生的意愿，适当发展新的体育课程，这就需要教师不断学习新的体育项目以适应时代的发展。

（三）道德"功利主义"倾向

现代社会人才竞争激烈，一些高校体育教师的价值取向出现了功利化、金钱化、利益化的倾向，理想信念模糊、职业道德淡化，一些体育教师为了所谓的职称和荣誉，行贿受贿，对学生也产生了不良的影响；在课内课外的教学活动中，高校体育教师与学生之间的交往密切，学生为了高成绩，教师为了高评价，学生给教师送礼的行为屡见不鲜，在违背道德功利主义的盛行下，立德树人何以实现，如何给学生做表率？

（四）科研和创新能力欠缺

大学体育教师承担高水平运动队的组织与训练工作，训练任务繁重，在科研上所投入的时间相对较少，而且学习其他学科领域的知识较少。高校的体育教师分为教学类、训练类、科研类与复合类，各个类型的体育教师术业有专攻，钻研的领域不同，但因繁重的任务，互相交流较少，难以在科研和教学方法和手段上有所创新。

四、立德树人视域下普通高校体育教师素质提高的途径

（一）修身立德，成贤成圣

"德"是内存于己的素质，立德必须修身。《礼记》曰："德者，本也，财者，末也。"对人来说，德是看不见、摸不着的，容易被人忽视，可它却是人必备的，是人之所以为人的根基和标志。体育教师不仅要有坚定的政治思想和强烈的事业心、责任感，还要有良好的个人修养与品质，严以律己，以身作则。坚持将"立德树人"作为思想引领，把"立德树人"思想融入体育技能与知识传授中去，努力成为有理想信念、有道德、有学识，能够引导学生向更好的方面发展的好老师。

其次，要面向教育系统，围绕落实和完成立德树人的根本任务，将理想信念铸魂放在首位，实施"铸魂工程"，在学校党的建设中，特别是思想建设、学校意识形态工作、学校宣传思想工作、学校思想政治理论课、哲学社会科学课、日常思想政治教育工作、学校教师师德建设、干部队伍建设等方面统筹整合，合力铸魂，一体育人。

（二）夯实功底，开拓创新

随着社会的发展、科技的进步，学生的知识面越来越宽，对知识的需求量越来越大，体育教师不仅要有良好的专项技能技术，还要丰富自己的知识结构。一名合格的体育教师其知识结构应该是综合性、多样化的，因此要不断地通过学习体育基础理论知识以弥补教师专业知识的缺乏。另外，教师可以通过自学或教师职业培训补充知识，为科学的教学和训练提供有力保障。其次，科研能力也是衡量一名优秀教师的重要标准，教师应当通过学习相关的理论知识，勇于钻研，开拓创新，来提高自身的科研能力，提高自己的人生价值。

（三）继续教育，强化自我

当前体育教师的继续教育培养模式较为单一，参加的学习实践针对性不强，有些继续教育甚至增加了体育教师的经济负担，比如，边远地区农村学校的体育教师，路费加上本身的工资不高，这些对他们来说是一笔不小的开支。因此，教育主管部门可以组织短期培训班，培训的内容应该具有针对性，并且新颖实用，让体育教师更有选择性。完善体育教师培训体系，加大对体育教师培训经费的支持力度，稳步提升教师的职业素质。加强教师培养与培训之间的交流、沟通和协调，有计划、有组织地进行体育教学观摩与课余经验的交流，以提高教师训练的综合水平。

（四）跟随潮流，提升价值

如今，教师专业化是世界教师教育发展的大趋势和潮流，同时也是我国教师教育改革的重中之重和前进方向。比如，进一步调整体育教师教育的课程体系，使课程更适合学生身体素质发展的需要，在对学生进行身体素质方面的体育锻炼中贯彻"健康第一"的理念。课程体系应当具有综合性和教育综合性，同时又具有弹性和灵活性，才能给学生更多选择的机会；完善教师资格证书制度，加大对体育教师专业性的认可度。推进教师队伍高学历化的进程，推动教师教育信息化，才能走在时代的前沿。

体育教师职业的特殊性，造就了它不凡的使命。立德树人，内化于心、外化于行，尽管社会上有各式各样对体育教师进行抨击的舆论，但是要想成就一番伟大的事业，就要经历各种磨难。高校体育教师应该修身立德，以身作则，充实自我，建立强大的知识储备，用教书育人的热情去感染学生，认识到"立德树人"的内涵，并且付诸实践，实现自己的人生价值。

第四章 高校体育教育立德树人的理论研究

第一节 高校体育课在立德树人任务中的地位和作用

习近平总书记在全国高校思想政治工作会议上强调："要用好课堂教学这个主渠道，各类课程都要与思想政治理论课同向同行，形成协同效应，完成落实立德树人根本任务。"高校体育课作为高校课程体系中的重要组成部分，应在立德树人任务中担负起应有的责任。高校体育课程应积极与思想政治理论课相结合，深度挖掘体育课程里蕴含的思政因素与德育资源，发挥高校体育课程在立德树人中的作用。

一、高校体育课在立德树人任务中的地位

蔡元培先生把体育引入近代中国以后曾做出这样的评价："完全人格，首在体育。"蔡先生把体育放在了塑造人格中的首位，这充分证明体育在育人过程中的基础性地位。毛主席在《体育之研究》中也论述过体育在完善人格中的重要地位："体育一道，配德育与智育，而德智皆寄于体。无体是无德智也。"人的全面发展首先从体育开始。

我国的教育方针是"德""智""体""美""劳"全面发展，尽管"体"排名靠后，但依然十分重要。高校体育课程不仅教授大学生增强体魄的技能和知识，而且更是促进学生身心发展、培养学生精神品质和人文底蕴的重要渠道。学生参与体育课不仅获得健康的体魄，还能感受到体育活动中的竞争、合作、奉献等体育精神，使学生人格健全，成为德智体美劳全面发展的社会主义建设者和接班人。

（一）高校体育课程是对学生价值观培养的重要手段

在高校开设的课程当中，体育课是面向所有学生开设且实践性较强的课程。高校体育课程与其他课程相比蕴含着丰富的德育元素，具有较强的德育功能，为高校落实立德树人的基本任务、开展素质教育、培养全面发展的人才提供了重要路径。高校体育课程中对思想观念的传播与塑造更加多元丰富，这些思想观念形成的隐性资源蕴含在高校体育课常规教学和体育竞赛活动中。例如，奥林匹克运动会的格言是"更快、更高、更强"，体育竞赛活动鼓励学生顽强拼搏，挑战自我，锻造坚持不懈的人格特质；体育团队比赛项目中需要团队成员之间团结合作，单人项目中需要运动员之间形成竞争关系，学生在不同竞赛项

目中能够合理处理各种关系，可以培养学生团结合作、集体主义意识和灵活的头脑。体育课堂常规教学需要有严格的纪律规则以便于顺利组织学生活动，这样有助于培养学生自律与自我控制的习惯和按规矩行事的规则意识；另外，体育文化中传达的身心可持续发展理念，不抛弃、不放弃的人生态度，以及积极向上、健康乐观的生活方式等，对于学生形成正确的人生观、价值观都具有不可比拟的导引作用。

（二）高校体育课在教育形式上具有独特的思政教育优势

高校体育课程独特的教育形式使得它在培养人才的全面发展过程中享有不可替代的地位。高校体育课具有实践性、现实性、形象性、娱乐性、感染性等特点，能够在具体的体育理论知识以及技术动作学习中实现思想政治教育元素的渗透，真正使思政教育达到"润物细无声"的功效，比其他课程更有利于完成立德树人任务。在体育课程教学中，把受学生喜爱或者熟悉的体育道德资源融入课程之中进行讲解，教其所需、学其所用，实现思政教育与提高专业素养的有机结合，这种方式更加直接、生动，能够深刻地将思政教育内容传导给学生，从心理上产生亲近感，更容易接受，这种教学可收到事半功倍的效果。从实践的角度看，体育思政教育的价值和功能可以通过教师直接开展体育活动来实现。它是教育与体育活动相结合，学生通过参与体育活动，可以把情感体验直接融入其中。运动中的道德教育过程和方法，比单纯的理论说教更容易形成对思想道德观念和价值观的理解和认识，从而促进学生形成自身的道德素质。思政课中的思政元素可以利用大学生体育实践活动充分表达与展示，体育课程可利用其独特的教育形式给学生提供一个有效的思政教育氛围。体育思政资源与抽象的思想理论有所不同，它能够展现蕴含丰富思政内涵的行为或榜样，是形象生动、直观真切的。例如，每一位现实赛场上顽强拼搏的运动员；每一场惊心动魄、扣人心弦的赛事；每一声震耳欲聋的呐喊加油……期盼着中国运动健儿登上领奖台的那一瞬间，盼望着祖国的国旗冉冉升起。这些思政情景不是枯燥乏味的理论说教，而是看得见、听得着的。再例如，在进行一场篮球比赛或篮球训练中，每一次进球后的加油，每一次得分背后的团队配合，这些情景都在悄无声息地进行着立德树人的教育，把思政元素真正赋予在体育活动的现实场景之中，从视觉、听觉、触觉等各个方面进行思政教育。体育教学活动的形象性符合学生获得思想教育的认知规律，对学生具有潜移默化的教育作用。其次，体育的思想政治价值和功能主要通过体育竞赛和体育教学活动来体现，娱乐性是其重要的教学特征。这种教育形式活泼生动，使人在情感上感到轻松、自由、舒适。这就使高校体育课程在教育形式上具有了思政教育的独特优势，具有更强的吸引力和感召力，能够在立德树人教育中达到出人意料的效果。

二、高校体育课程在立德树人任务中的作用

（一）培养学生爱国主义精神

爱国主义是中华民族的优良传统，是中华民族生生不息的强大精神动力。高校体育课

程中的竞技类体育项目是指那些具有系统的竞赛规则和规范化组织的体育运动项目，在进行体育运动项目的教学时会在竞技比赛场景下对学生的技术动作给予调整与巩固。高校之间的竞技比赛，同样代表着高校的竞技水平。以奥运会为代表的竞技体育成为当代规模最庞大和最具影响力的人类社会活动。竞技体育中包含的爱国情怀元素有利于增强学生对祖国的深厚感情，能使他们认识到个人与祖国的依存关系，从而增强学生对国家、民族的归属感、认同感、尊严感与荣誉感。例如，在奥运会的国际舞台上，当中国竞技运动员站上领奖台，奏响中国国歌时，这种情景激发出的爱国情怀，能触动青年学生内心深处的国家认同感。

（二）锻造改革创新的思维

在当代中国，改革创新是社会发展的重要动力，社会发展离不开改革创新，拥有创新能力的高素质人才成为新时代中国迫切的需求。高校体育课程中的健美类体育运动项目具有创造性、变化性强的特点。每一次舞蹈的编排、人员的排布都有其内在的创新规律，而且体操、舞蹈动作的灵活多变，上千种肢体动作构成不同难度系数的动作组合。这些特点使健美类体育运动项目具有创新思维的思政元素。学生在健美类体育运动项目学习与练习中对自己的动作进行组合、排列，使运动成绩达到要求的情境下有利于使学生形成创新思维、树立改革创新意识、增强创新能力，并且在动作练习出现问题进行交流的同时也有助于培养学生敢于突破常规的意识，发现问题、解决问题的能力。

（三）传承中华传统美德，培养学生重视整体利益、责任奉献的意识

在中华传统美德的发展演变中，始终强调的是集体主义、国家利益和民族利益的重要性。高校体育课程中的体育团体项目要求各个运动员都以集体利益为上，不管自身的运动能力有多强、有多好，都要服从和服务于集体。例如，在篮球比赛中，每一次战术的执行都需要球员与教练、球员与球员之间的相互信任、相互理解；每一次传球都需要球员之间的默契配合；每一个进球或者每一场比赛的胜利都是团队齐心协力得来的。因此，团体项目中的集体主义思政元素有助于学生建构团结合作、舍己为人和大局意识，培养学生在事情发展过程中趋向于敢担当、积极奉献的行为习惯。

（四）确立积极进取的人生态度，完善个人人格

体育在培养积极的人生态度方面具有独特的优势。高校体育课是体育的实践手段，体育在育人中的作用都会通过体育课程来实现。因此，高校体育课有利于培养学生的竞争精神，展示高超的技艺并满足高层次的精神需求。在比赛失利的情况下，学生会在这一段时期内进行自我情绪的控制、心态的调整，有利于学生在生活实践中遇到困难不断调整心态、磨炼意志、形成积极向上的乐观的人生态度。另外，学生在体育课上进行技术练习、身体对抗的时候难免会出现怯懦、畏惧、不自信的心理，而要想进步或取得成功就必须克服这些困难，这就塑造了学生在面对困难、面对人生挑战时的一种开拓进取的积极心态，培育了学生百折不挠的精神和朝气蓬勃的气质。

（五）增进遵纪守法、爱岗敬业的基本素养

遵纪守法是全体公民必须遵守的基本行为准则，是维护公共生活秩序的重要条件。在社会生活中，每个社会成员都应当遵守国家颁布的有关法律和特定公共场所以及单位的有关纪律规定。学生在参加体育竞赛时会受到来自学校、老师、比赛制度等各方面的约束。另外，体育课程中竞技类体育项目规则蕴含了遵纪守法的思政元素，有助于学生形成规则意识，在公共场合下养成自我约束的良好品质，树立自觉的社会规范意识，养成良好的道德行为，对学生未来的成长储备了良好的道德素养。

高校体育专业课程培养出的体育人才，在未来的体育事业中，为了国家、集体的利益会牺牲家庭幸福、奉献社会，这就使得在进行体育人才培养时促成学生形成爱岗敬业、敬畏规范的精神品格和牺牲奉献精神。这种爱岗敬业、奉献社会的精神正是社会主义职业道德中最高层次的要求，体现了社会主义职业道德的最高目标指向。也是因为有了这些无私奉献的体育人，中国的竞技体育才会蓬勃发展，中国体育才会生生不息！

（六）增强文化自信

中华优秀传统文化是中华民族的精神命脉，中华五千年历史文明之所以能够延续至今，一个非常重要的原因就是中华民族有一脉相承的精神追求、人文底蕴和文化脉络。高校体育课健身类体育项目中蕴含着丰富的中华优秀传统文化元素，包含了中国传统哲学的精华。例如，太极拳是中国传统文化的瑰宝，它以儒家、道家中的太极、阴阳辩证等理论学说为核心思想，在太极拳的习练中又将传统的儒家、道家理论具象化，是学习儒道学说的突破口。太极拳结合中医理论、吐纳术、引导术、五行学说形成了一种内外兼修、刚柔相济的拳术。相对于中国武术的其他拳种，太极拳更是一种蕴含中国传统哲理的拳种。学生通过练习太极拳不仅达到了强身健体目的，而且更是为学习与弘扬中华传统哲学与文化开辟一条道路，有利于培养学生传承中华传统文化的责任意识，树立民族自信心。

总之，高校体育课程在立德树人任务中占据非常重要的地位，拥有自身丰富的思想教育元素和独特的教育形式，是其他课程不能替代的。因此，在创建思政教育的背景下，应充分利用高校体育课程思政教育资源，开展一系列体育思政教育教学活动，使高校思政教育理论课与高校体育课程同向同行，共同完成高等教育立德树人的根本任务。

第二节　立德树人与高校学校体育的价值

高校学生作为高素质人才群体，只有德才兼备才可以更好地使自己的人生价值得以实现，然而由于独生子女、新旧时代的交替、应试教育等多种原因导致他们在思想道德方面意识薄弱。该文对"立德树人"理念下高校体育的价值进行探讨，为更好地提升高校体育课程教学的育人价值提供理论参考依据。

目前我国社会处于转型时期，新旧时代的交替会对原有价值观带来很大的冲击。西方个人主义、拜金主义、享乐主义等多种世界观、人生观严重侵蚀着以集体主义为中心的传统的价值观和基础道德。由于高校学生心理还不成熟、是非辨别能力不强，因而很多同学盲目地排斥传统价值观，推崇一些新兴的价值观念，这样导致在理想和信念上的动摇，道德自我要求的意识薄弱，从而在监管范畴之外会存在一些道德失范的行为。

一、高校学生道德现状

（一）基础道德观念比较薄弱

基础道德观念"即人们共同承认和遵守的一定的道德原则和规范，只有基本的道德规范约束其成员的道德基础，这个社会才能有效地运行发展。我国的基础道德观念主要有诚实守信、尊老爱幼、热爱集体等等"。在当代，部分学生的行为与之不符，例如，诚信意识淡薄，"诚信"是每个社会成员的立身之本，但现在的学生出现了诚信危机，还有考试作弊，虚构简历，单方面取消就业协议等等。

（二）社会公德意识薄弱

社会公德"是人们在社会交往和公共生活中必须共同遵循的行为准则，是社会普遍公认的最起码的行为规范"。据有关调查，随地吐痰、乱扔垃圾的现象在"校园十大不文明现象"之前列。高校学生恋爱是正常的社会行为，不过有些同学过于潮流和开放，不分场合的、不当的男女交往行为有违社会公德的要求。

（三）价值观模糊

所谓价值观"就是指一定历史时期的人们对价值问题所持的立场、观点和态度的总和，人们的信念、追求和理想等都属于价值观的范畴"。现在部分高校学生盲目地排斥主导价值观从而导致消极价值观呈明显上升的趋势，主要有集体主义观念淡薄、艰苦奋斗精神淡化、崇尚拜金主义、功利主义突出等方面。

二、立德树人的内容

党的十八大报告指出："要把立德树人作为教育的根本任务，培养德、智、体、美全面发展的社会主义建设者和接班人。"把立德树人作为高校的根本任务，要突出以下教育内容。

（一）做人修养教育

教育的宗旨归属极其重要的一方面就是学会做人。做人修养教育是高校教育最根本的课题，通过德育的教育让学生提升自己的精神境界，提高做人修养。知识的学习是一种手段，带有一定工具性的，只重视知识的学习会导致学生片面发展。做人修养是"立德树人"的内核和本义所在，是时代对教育最本质的要求。

（二）民族精神教育

在全球化的背景下，不同精神文明的相互交融已经成为当前发展大的趋势。但一些国家利用自己的文化在全球化进程中的优势，不断地对不同的精神文明进行文化入侵。在这样的形式下我国高校更要把民族优秀文化和精神的传承作为思想工作的重点，引导高校学生要在自己民族精神的基础上融合外来的优秀文化才是世界文化的发展趋势和潮流。

（三）社会责任教育

《国家中长期教育改革和发展规划纲要（2010—2020 年）》强调"要着力培养学生服务国家、服务人民的社会责任感"。在学校德育工作中，培养学生的社会责任感是其中一个重要的内容，社会责任感可以让人把自我的前途和命运与国家的前途、民族的命运联系在一起，为自己的国家和社会做出自己的贡献。

三、"立德树人"理念下学校体育的价值

高校的学校体育中含有很多有助于培养学生中华民族精神的素材，通过课堂教学比赛的规则，还可以引导学生遵守组织纪律的约束，履行社会行为规范，使学生自觉遵纪守法观念等。可以说，在整个学校体育教学过程中的德育素材跟"立德树人"的理念是不谋而合的。

（一）提高学生的生命活力，培养做人修养

"立德树人"的根本任务也是要培养符合社会发展需要的人才。学生体质健康水平的提高既是贯彻"立德树人"工作的前提保障，也是落实"立德树人"工作的重要内容。公共体育课程的首要教学目标就是提高学生的身心健康水平，通过参与不同运动项目的学习提高身体健康水平，帮助大学生缓解不良情绪，增强大学生的自我认同感，使大学生能够以旺盛的生命活力投入到学习生活之中。

体育项目大部分都是群体性的项目，在学校的体育课程中，学生也避免不了要与教师、同学相互合作完成一些教学内容，学生的运动水平参差不齐，在合作过程中就要大度，用积极的心态去面对突如其来的变化。在教学比赛中一般没有裁判员，学生既是运动员又是裁判员，当遇到有争议的、关键分的判断时需要自我判定，也是对自我修养的一种历练。

（二）培养学生的团队合作能力和竞争意识，提升社会责任感

当下对人才的综合素质要求越来越高，不但要求他们有竞争意识，而且也要有团队合作的精神。竞争是行业发展、国家进步不可缺少的重要因素。团队合作能力直接影响着大学生进入社会后的适应能力。而体育运动，特别是一些团体运动，在运动过程中重要的目标就是通过团队成员间的协作，在比赛的竞争中获胜，在其过程中合作和竞争是并存的。和其他学科相比，在体育课程的学习过程中蕴含着很多竞争和团体协作的元素，这些有利于培养大学生的团队合作能力和竞争意识。

学生的社会责任感是指"学生对祖国、对民族、对人类的繁荣和进步，对他人的生存和发展承担责任的强烈的自觉意识和崇高的情感"。在体育课程一些团体的项目中，学生们相互协作，他们要对自己的分工负责，对团队的任务负责，使他们有团体责任感，进而可以潜移默化地培养他们的社会责任感。

（三）塑造大学生的顽强意志品质，弘扬民族精神

顽强的意志品质是当代大学生克服各种挫折、打击，立足于社会的必要心理素质，也是我们中华民族精神的一部分。通过参加体育课程的学习，有效塑造大学生不怕困难、勇于挑战的意志，能更好地领悟我们的民族精神，对于大学生的社会性发展有着不可替代的作用。

四、在高校学校体育中实现立德树人的途径

学校体育是以身体活动为方式的课堂，这比其他学科具有更强的实践性。在体育教学过程中，充分发挥它学科特点的优势，把德育素质的培养落到实处，是在"立德树人"理念下高校学校体育价值的体现。

（一）在教学大纲中贯彻"立德树人"的思想

教学大纲是教学的导向。德育的内容很宽泛，教学效果量化起来比较困难，虽然在各体育教学大纲中都有关于学生品德教育的要求，但是往往难以落到实处。因此，需要将"立德树人"的思想在教学大纲中以具体的形式体现出来，并加以切实可行的评价方式，才能把学生品德教育落到实处。

（二）在体育教材中渗透"立德树人"的理念

体育教材是在高校的体育教学过程中进行德育的载体。各种集体项目不仅激发学生自我的灵敏应变能力，而且还能培养学生的团结协作能力和集体主义精神。在比赛过程中通过对各项竞赛规程的遵守可以引导学生遵守组织纪律，提高学生自觉遵纪守法观念等。可以说，在整个体育教学过程中的德育素材跟"立德树人"的理念是不谋而合的。

（三）在教学过程中加强学生德育引导

学校体育是以身体活动为方式的课堂，这比其他学科具有更强的实践性。在高校的体育教学过程中，教师在遵守体育课堂的基本要求下充分发挥体育课堂的特点，把体育教学和德育本身的培养教育目标有效地联系起来，使德育在教学过程中潜移默化地影响着学生个体的价值取向。在体育教学过程中，利用体育教学的特点把德育素质的培养落到实处，是高校学校体育价值在"立德树人"理念下的体现。

（四）提升体育教师育人能力

体育教师是体育教学过程的主导者，其育人能力的高低直接影响着"立德树人"的实施效果。体育教师应提高自身业务能力，平等对待每一个学生，认真上好每一节课，善于

发现每一个学生的优点，用较高的道德标准严格要求自己，为学生树立学习的榜样，充分利用体育课堂落实"立德树人"的理念。

高校学校体育课堂是"立德树人"的重要载体，它把身体素质的教育和思想道德的培养有机结合起来，丰富了德育的培养方式，拓宽了高校德育的培养领域，增强了德育的实效性和感召力，对"立德树人"在高校领域内的践行具有特殊的意义。

第三节　立德树人与高校体育教学改革

以"身体与国家政治，体育与国家关系"为切入点，围绕立德树人的价值、立德树人的境况、课程改革等几方面的内容，对高校体育立德树人进行研究。丰富认知、培养情感、提升意志、规范行为是高校立德树人的价值；学科建设滞后、教师德育懈怠、馆藏文化建设不足是我国高校体育立德树人的真实境况。应从加快学科建设，提升学科地位；加强教师教育，落实立德树人；增强馆藏建设，体现文化育人几个方面进行我国高校立德树人的课程改革。

教育兴，则国家兴；体育强，则国家强。体育承载着国家强盛，民族兴旺的梦想。高校体育是实现中华民族伟大复兴的主要途径，是人生体育教育阶段的重要表现形式，不仅承担着强身健体的教育重责，而且还担负着"立德树人"培养社会主义建设者和接班人的社会使命。党的十八大报告提出"把立德树人作为教育的根本任务"。习近平总书记在全国高校思想政治工作会议上强调大学要"坚持把立德树人作为中心环节，把思想政治工作贯穿教育教学全过程，实现全程育人、全方位育人，努力开创我国高等教育事业发展新局面"。党的十九大报告再次提出"要全面贯彻党的教育方针，落实立德树人根本任务"。显而易见，"立德树人"作为我国教育的根本任务，是推进中国特色社会主义教育事业顺利发展的重要保障，也是培养符合时代需求的高素质人才的本质要求。大学教育作为学校教育的重要阶段，在大学生"立德树人"方面发挥着不可替代的作用，这为新形势下加强和改进体育教学工作提出了新思想、新要求，为学校体育发展指明了新方向。如何发挥大学体育课程的教育引导作用，在传授专业知识的同时，充分发挥其德育功能，实现"立德树人"的根本任务，是广大高校教育工作者研究的重点。

高校体育的根本任务是促进学生德、智、体、美、劳全面发展，在教学过程中，高校体育不仅要传授体育知识，提高学生身体素质，掌握运动知识及运动技能，同时还要培养学生的德行，将知、情、意、行贯穿始终。高校体育的教学方式以学生的身体运动为主，实践体验和情感体验更直接，更有助于落实立德树人。

认知是人的感觉器官对信息加工的过程，是人认识善恶、美丑的过程，是建立良好德行的基石。以"知"为基石，晓之以理，学生可重视体育实践知识技能，德行认知缺乏，将无法形成良好的道德情感和道德行为。

体育认知是人们通过认识体育文化、了解体育知识，参与体育活动后产生的心理活动。体育道德认知为体育实践提供知识指南。主要表现在：其一，学生体育道德认知水平高，则体育情感浓厚，则体育运动意识、体育竞争意识强，则有助于学生参加体育运动实践活动，促使学生培养终身运动的行为习惯。其二，提高体育道德认知，可以使学生认识言行美、着装美、动作美的真实含义，避免西装革履上体育课，摆脱粗鲁行为。其三，使学生认识高校体育与中学体育的区别，它和专业课同样重要。丰富体育文化、认识体育与健康关系及重要性。

情感是伴随着人的认识和意志产生的对外界事物喜、憎、好、恶的态度和体体验。当人们的道德认知和道德情感发生共鸣时，就会产生积极、愉悦的情感体验；反之则会引起消极的情感体验。体育道德情感最常见的是责任感、荣誉感、义务感和自豪感。

高校体育可以不断激发和培养学生的学习情感，促使其以更高的热情投入到学习中，进而提高学习效率。高校体育有助于培养学生的责任感，良好的责任感是学生认真对待学习和生活的先决条件，高校体育对学生的责任感主要体现在：其一，对自己负责。高校体育有严格的标准，想要取得良好的成绩，就必须严格要求自己，比如出勤率、课堂表现、课外作业、技能测评等。其二，对别人负责。个人成绩与团队成绩有着密切的关系，这就要求学生不仅要对自己负责，还要对团队其他成员负责。

意志是人的思维决策影响行为的心理过程，是人们为实现特定目标，克服内在或外在的压力及阻碍做出的自觉顽强的努力，是调节行为的精神力量。高校体育课可以有效培养学生克服困难、勇于挑战、努力拼搏、积极进取的意志品质。首先，高校体育为学生提供了挫折教育的机会。不管是在运动技巧、战术、身体素质还是在运动竞赛方面，学生都会遇到这种阻碍、遭遇各种失败，只有经过不断的努力，克服困难，才能取得一定的收获。其次，高校体育课为学生提供了挑战困难的高峰体验。在体育课中，学生经过努力拼搏，不断地自我挑战和突破，有助于增强学生的自信心和成就感，坚定其永不放弃、敢于拼搏的决心。

道德行为是人们在道德认知、道德情感、道德意志基础上的行为表现。体育道德行为好坏是有效衡量学生是否掌握正确的体育道德认知、培养良好的体育道德情感、树立体育意识，养成终身体育锻炼的行为习惯的标准。高校体育课的严格要求，有助于促进学生认真训练，培养良好的体育道德行为，为终身运动奠定基础。

一、高校体育立德树人的境况

（一）学科建设滞后

学科建设是大学体育教学部的主体结构，是大学体育核心竞争力的重要反映。根据2019 年教育部公布的"双一流"建设学科名单，只有北京体育大学和上海体育学院两所高校有"体育学"，而本文研究所指的"高校体育"是广义的，并非"体育专业院校"的体育。

由此可见,我国高校的"体育学"学科建设总体呈发展滞后阶段。其原因主要表现有:其一,学科归属不明确。从理论知识分类和实践运动相结合的视角,解析由于学科知识特征和划分标准不统一导致了体育学科体系混乱、归属模糊,体现在我国不同大学对体育学的学科归属各不相同,如"大学体育公共课""军体部""通识课(英语、思想政治、体育)""健康与体卫部(卫生、心理、体育)"等,均表明当代高校对"体育学"的学科认知模糊,学科归属混乱。其二,学科地位低下。在多数高校,体育是"术科",是"行政管理"的手段,不受学校的重视,即使在个别学校"体育学科"的地位得到认同,其学科地位也非常低下,可谓边缘化学科,得到建设的支持也微乎其微。因而,在某种程度上,学科建设滞后对高校体育实施"立德树人"具有阻碍作用,影响高校对学生"德"的培养。

(二)教师德育懈怠

高校体育教师是实施"立德树人"的核心力量。因此,在高校体育教学过程中,体育教师不仅要通过身体语言展现体育"力量、技术、艺术"的魅力,而且要通过自身的德行修养展示体育的"真、善、美"。做到将"以德立身、以德立学、以德施教"贯穿教育的全过程。然而,并非所有体育老师都是既能做好"授业",又能做到"传道"。部分高校体育教师只重视传授学生运动技能,忽略学生的德行教育;部分体育教师忙于追求更高的物质需求,丢失了教育的信仰和宗旨;甚至部分体育教师认为,大学生的德行在中学已经定型,现在教育无济于事,即便要教育也是思想政治辅导员或者思想政治教师的责任和使命,与己无关。可见,高校体育教师对学生的德行教育有所懈怠。

导致我国高校体育教师懈怠德行教育的主要原因有:其一,德育知识储备不足,影响体育教师德行教育的发挥。其二,管理制度认知偏差。受认知、思想等因素的影响,体育教师与思想政治辅导员等思政教育者衔接缝隙较大,教育合力效果不明显,从而弱化了德行教育的实施。

(三)馆藏文化建设不足

高校体育博物馆是体育文化的象征。它是高校体育文化传播的途径,是记录高校体育发展的载体,是传承体育精神、民族精神、科学精神的重要场所。高校体育博物馆能够唤醒学生对体育文化的了解,激发学生对体育运动的兴趣。大学生在体育高校博物馆记载的"事迹""器械""荣誉"的熏陶、激励中不断成长。由此可见,高校体育馆藏文化是"立德树人"的动力源泉。然而,相比美国、日本等发达国家,我国部分高校对高校博物馆认识模糊,没有充分发挥馆藏文化的教育作用。高校体育博物馆也是如此。在我国2800余所高校中,构建体育博物馆的更是屈指可数,高校体育馆藏文化严重缺失已经成为不争的事实。

导致我国高校体育馆藏文化建设不足的主要原因有:一、经费不足。我国高校的财政主要是国家拨款,多数高校的财政拨款不足总支出的50%,这就表明剩下的支出需要高校自己补贴。在这种资金严重缺乏的情境下,处于边缘学科的体育学无法建设体育博物馆也实属正常。二、传承断裂。文化不仅需要积累，更应重视传承。高校体育馆藏文化多数是通过收集锦旗、奖杯、奖牌、荣誉证书、照片、秩序册、报纸、杂志等有代表性的物件，通过历史叙述再现眼前。但是，一方面，由于保护意识薄弱，因而部分重要资料损坏或丢失；另一方面，部分高校合并、重建、搬迁，导致体育馆藏文化无法追本求源。三、制度落实困难。高校行政部门过分干涉体育博物馆建设，导致相关制度无法落实。体育场馆文化建设不足的主要实质是制度的制定者、实施者、监督者相互对弈的结果。

二、高校体育立德树人的课程改革

（一）加快学科建设，提升学科地位

新时代下，立德树人已经成为学科育人的总目标，也是体育育人的终极目标。高校体育不仅要通过体育活动、体育训练、体育竞赛激励学生，实现实践育人，同时还要通过体育精神、体育文化、体育思想引导和感化大学生，实现学科育人。在培养德智体美劳全面发展的又红又专的社会主义事业的建设者和接班人方面，高校体育课程和其他课程相同，都是立德树人的重要课程，具备立德树人的价值功效。高校体育必须加快学科建设的步伐，高效实施立德树人的根本任务，实现全员、全程、全方位学科育人。

加快学科建设步伐的主要途径有：其一，明确学科归属。明确高校体育学科划分标准，以创新体育课程为核心，凸显高校体育教材和体育教学的特色，提升体育学科认同度，从而提高高效体育课程的教学质量，促进高校体育课程实施立德树人的根本任务。其二，提升学科地位。高校体育向学生传授体育运动的技、战术较多，对体育运动的理论知识重视度不够。在立德树人的征程上，体育必须明确方向，从实践型向理论联系实践转型，不断丰富教学内容，使高校体育不仅有"术"还有"学"，知识影响德行，学问可以化人。体育既是知识，也是学问，应该和其他学科一样，获得足够的支持和尊重，这样才能充分发挥高校体育立德树人的作用。

（二）加强教师教育，落实立德树人

教师是人类灵魂的工程师，肩负着学生立德、塑魂的艰巨使命。实践表明，教师的知识素养、道德情操、言传身教可以促进学生形成正确的世界观、人生观、价值观。在立德树人的落实过程中，教师必须不断更新理念、更新知识，不断提升综合素质、提高道德修为，才能培养出符合时代要求的有理想、有抱负、德才兼备的社会主义建设者和接班人。由此可见，加强教师教育是培养高校体育教师德行修为的主要途径，是落实立德树人的根本保障。

加强教师教育的、落实立德树人的具体措施主要有：其一，加强教师德行教育。给学生一滴水，教师要有一桶水。教师教书育人，必须先充盈自身的知识储备，塑造过硬的思想道德品质，才能够成为社会主义接班人的传播者。体育教师作为教师队伍的一分子，必须认清自身肩上的责任感和使命感，把德行教育纳入教师日常培训体系。遵守教育规律和

教师成长发展规律，加强师德师风建设，培养高素质教师团队。自觉贯彻党的教育方针，不断加强思想政治修养，做到明道信道、以德立身。其二，提升教师育德能力。教师是教育过程的主导者，其育人能力直接影响着立德树人实施的效果。这就要求体育教师不仅要有较高的技术教学能力，而且还要有较高的德育水平。首先，教师应该以身作则，严格要求自己，为学生树立榜样。其次，教师要不断提升自己的业务能力，让学生在体育课中体会快乐，收获成长。再次，教师要富有爱心和耐心，不抛弃、不放弃每一个学生，促进学生身心健康发展。其三，落实立德树人总目标。首先，将立德树人思想贯彻教学大纲。其次，加强德行引导。在新时代下，高校学生对说教式德育充满排斥，引导、启发式教学更受学生的欢迎，更有助于学生通过亲身体验及深刻反思完善学生的人格，起到较好的德育效果。因此，在体育教学过程中，应加强引导式教学方法进行德育。

（三）加强馆藏建设，体现文化育人

文化是人类所有的精神活动及活动产品，是维系国家和民族的巨大力量。在培养社会主义现代化的建设者和接班人的过程中，高校体育文化是立德树人的内在驱动力，高校应该承担责任和使命。高校体育博物馆是集收藏、研究、教育为一体的文化综合体，是高校文化教育的重要组成部分。体育博物馆作为高校文化教育的重要载体，可使学生在参观体育博物馆的过程中达到育人的目的。因此，推进高校体育博物馆建设的过程，正是凸显高校文化教育的过程，也是建设立德树人平台的过程。

加强高校体育馆藏建设，实施立德树人的具体策略为：其一，发动社会捐助。相比发达国家，我国高校体育博物馆建设较少的主要原因在于资金不足。发动社会捐助是快速获得资金的有效途径。高校可以通过企业捐助、个人捐助、社会团体捐助等获得资金，推进博物馆建设，满足高校学生学习体育文化，感受体育精神，促进高校体育课实现立德树人。其二，规范馆藏文物管理。馆藏文物在文化、历史上有很大的价值，是展示高校体育文化及体育精神的优质平台。高校学生在体育文化的熏陶下实现人格的自我完善。规范馆藏文物管理既是实现科学文化财富和历史价值的展现，又是传承校园文化的有效手段。其三，优化馆藏建设制度。高校制度管理需要明确行政管理的责任和义务。高校体育馆藏建设关乎高校体育文化传承、体育育人等重大政治价值取向问题。高校需要优化馆藏建设制度，强化馆藏建设的执行力，完善馆藏建设监督体系，落实制度，加快馆藏建设步伐，实现体育文化育人。

在高校体育立德树人过程中，学科建设是基础，高校体育需要明确学科归属、提升学科地位的措施，加快体育学科建设，充分发挥高校体育立德树人的作用；高校体育应该加强教师德行教育、提升教师育德能力、落实立德树人总目标，实现全员育人。馆藏文化是灵魂，高校体育通过发动社会捐助、规范馆藏文物管理、优化馆藏建设制度，实现体育文化育人。

第四节 立德树人与高校体育精神的培育

党的十八大报告首次提出"把立德树人作为教育的根本任务"。"立德树人"首次确立为教育的根本任务，是对我国教育理念的深化，确定了今后教育发展的方向。意味着教育事业不仅要传授知识、培养能力，还要把社会主义核心价值体系融入国民教育体系之中，引导学生树立正确的世界观、人生观、价值观、荣辱观。本节从"立德树人"教育理念入手，阐述了高校体育精神培养的重要性，通过学校体育文化氛围的营造、体育教学过程于体育精神的融合以及体育课程评价的多元化方式，不断提升高校大学生体育精神，更加有利于高校形成积极向上的校园环境，培养出更高素质和品质的人才。

体育精神是体育作用于个体而产生的理念、信念和情操等，属于文化意识形态，体育精神反映的是一种人类的价值追求，是体育的灵魂与核心。体育所带来的"规则效应、诚信意识"要求体育参与者本着实事求是、公平竞争的规则，对于弘扬社会正气、摒弃社会陋习等有着规范的作用。

一、高校体育精神培育的重要性

（一）大学生是受体育精神影响的特殊群体

我国正经历着由体育大国向体育强国的转变，竞技体育、学校体育等都得到了快速的发展。高校大学生受到积极向上精神的感染，能够将这种感染和影响直接或间接地体现到具体的行为表现中。同时，积极向上的精神能够引领人生观、价值观趋于成熟的大学生正确地进行自我认识，科学的人生是具有坚韧不拔的毅力、健康向上的心态、不懈奋斗的精神，体育精神就是这种精神。

（二）体育精神在培养大学生意志力上的影响

体育运动作为一项益体益智的身体活动，在参与过程中需要不断地运用自身优良的意志品质，从而对增强参与者健康意志品质的培养有重要的作用，在实际的理论和实践的学习过程中，需要学生不断地挑战自己、挑战极限。在大学生活中，理论知识的习得是一种枯燥性的事务，而就知识的获取而言，将有利于大学生实现自我价值，而大学生良好的学习精神状态的保持，需要有一定的体能作为支撑和保证。在学习中遇到困难时，能否以自身优良的品质和精神战胜困难，能否在纷繁复杂的校园生活中坚持理想、实现梦想，是高校大学生需要不断面临的挑战。

（三）体育精神对大学生集体合作精神和爱国情操的培养

众所周知，体育竞赛有单人项目和多人项目，但无论是哪一种，在培养高校大学生竞争意识上都是无可替代的。要取得体育竞赛的优胜，就必然会产生竞争。正是如此，体育竞赛的趣味性和观赏性是其他任何活动都无法企及的。因此，个人项目和多人项目都要合作精神作为保证。赛事的级别越高，运动员承受的压力越大，尤其是代表地区、国家参加的比赛，比赛的结果不再是个人在竞技场上的成败，参赛运动员承受更多的是一种爱国情怀。从这一角度来看，运动员在比赛过程中需要面对的困境是多重的。

（四）体育精神可以培养大学生遵守规则、遵守法律的品格

体育是一项合乎规则的、有组织的、规范的社会活动。体育中的每一项运动，每一项运动中的每一个动作都有着其合理的变现方式，比赛的规则对于参与体育竞赛的双方运动员来说都是近乎"戒律"的作用，体现的是体育竞赛规则的神圣性。在体育教学中，在遵循一定社会制度要求的情况下，培养大学生的社会规则意识、法律意识，引导学生通过诚实劳动和合法经营获得社会报酬，赢得同伴和社会的尊重。高校体育在培养大学生遵守规则上面所呈现出的不仅仅是简单意义上的诚实守信、遵纪守法，更多的是以自己的行为表现影响和感化身边的人。高校培养出的体育精神对于和谐社会的构建将起到举足轻重的作用。

二、高校体育精神提升路径

（一）营造体育精神形成的文化氛围

体育精神作为一种理性存在，对于高校大学生人生价值观、世界观等产生重要影响。学校体育作为校园文化的重要组成部分，对于体育精神在高校大学生思想中的渗透起着主要的作用。积极向上的学校体育文化氛围有利于激发学生参与体育运动，加强体育锻炼的意识，从而促进体育精神的完善。反之，良好的体育精神对于大学生进一步完善自我人生价值观具有极其重要的作用。当前，各高校均以开展体育文化节等形式的丰富校园体育文化，使校园文化得到不断升华，受到了大学生们的喜爱。体育活动的开展为体育精神的形成奠定了基础，为学校构建了良好的校园文化氛围，养成了大学生积极健康、向上的生活方式。而在大学期间养成的习惯势必会让高校的大学生们受益终生。

（二）体育教学的开展要与体育精神相互融合

高校体育教学的开展要以体育精神的提升为目标之一。根据体育精神形成的规律，通过不断的教学改革与创新，将体育精神发展的主要内容融合到体育教学的环节中，通过设置教学过程中不同的形式，学生可根据自己的兴趣爱好选择体育运动项目，让选择不同体育运动项目的学生们都能体验到体育精神的内涵。这就需要加大对体育教学研究的力度，在实际的教学实践过程中，通过教学方式的变化等，可根据不同学生、不同专业的情况，选择有别于其大部分身体姿势的活动，以磨炼意志，以便于以更好的身体状态走上工作岗位。通过新媒体手段，利用好特殊天气下的体育教学，让学生能够体会到不同环境下都能

感受到体育精神为社会带来的巨大动力，尤其是一些反时差的体育赛事，体会其他任何活动都无法企及的自我满足感。

（三）将体育精神纳入体育评价体系中

高校大学生在学习本专业的知识与技能以外，还需要学习各种公共通识课程。在临近毕业的学期或者有重大考试的情况下，体育活动或许成为首先被放弃的活动。作为体育教育工作者，首先，一方面，开设满足高校培养方案的体育课程是培养体育精神的基础；另一方面，学生主动参与体育活动，参与体育竞赛也是培养其体育精神的重要方面，从课内向课外的延伸是体育教学长远的目标，通过课堂教学掌握的运动技能真正意义上被大学生所掌握，带入今后的生活中才能展现出体育精神原有的魅力。高校通过教学过程中学生的刻苦程度、坚毅品质的表现程度可以在最终的评价中体现，或者在体育教学中不断鼓励学生参与课外体育活动，走进统一社团，参与校内以及校外的体育运动竞赛，将"运动参与"的评价实现在结果的评价中。

体育精神在当今高校培养高素质人才目标中发挥着重要作用。高校能否培养出强健体魄的高水平人才关系到国家的兴衰荣辱，与当代大学生的个人终身发展密切相关。在以人为本、全面发展的方向指引下，体育精神成为优秀人才评判中重要内容的目标。形成校园的体育文化氛围，通过体育教学内容与体育精神的相互融合以及评价体系的多元化，将"立德树人"理念贯穿于教学的全部过程中。

第五节 立德树人与高校体育思政教育

党的十八大为我国的高校教育改革明确了方向，明确提出"立德树人"是教育的根本任务，高校要培养德智体美劳全面发展的综合型人才。高校体育是社会主义高等教育的重要组成部分，在高校体育教学过程中融入思想政治教育内容，是高校体育满足新时代教育发展的切实要求，也是思政教育全面开创教育改革发展新局面的内在要求。笔者详尽阐述了高校体育对思政教育影响的科学内涵，论述了高校体育对思想政治教育的影响要素与实现途径。

《学校体育学》关于学校体育教学中融入思政教育的研究有了较大的进展，文中指出在学校体育教学中融入思想政治教育应遵循正面教育原则、方向性原则、尊重学生与要求严格相结合原则、运用团队协作进行教育的原则等。

一、研究现状分析

（一）关于体育教学中思政教育的内容研究

体育教学中思政教育的基本内容有爱国主义教育、社会主义思想教育、民主法制教育、组织纪律教育和集体主义教育。

（二）高校体育中融入思政教育的意义研究

高校体育中融入思政教育，是指结合高校体育的自身特点，融入爱国主义理念和社会主义核心价值观影响大学生，解决"培养什么样的人、如何培养人、为谁培养人"的问题，有效提高思想政治觉悟，引领大学生为社会主义事业砥砺前行。

（三）研究高校体育对思想政治教育的影响

研究高校体育对思想政治教育的影响，对指导高校体育提高学生身心健康水平、践行"健康中国"理念、探究思想政治教育实践途径、促进思想政治教育新时代科学发展等方面都具备重要的理论价值和实践意义。

（四）关于高校体育教育对思想政治教育影响的研究现状

目前对于高校体育对大学生思想政治教育的影响研究还非常薄弱，具体体现在与新时代思想政治教育相结合的研究成果较少，成果缺乏创新性，还没有搭建出完整的理论体系。由此可见，无论是高校体育教育满足新时代教育发展的要求，还是探究大学生思政教育的实践途径，高校体育对大学生思想政治教育影响的相关研究都是需要深入挖掘的课题。

本节从探索高校体育对思想政治教育积极影响的科学内涵出发，对高校体育中融入思政教育的基本内容、实践途径及相关影响进行分析，以期构建高校体育中融入思想政治教育的实践体系，为推动高校体育教学融入思政教育实践尽一份力量。

综上所述，进行高校体育对大学生思想政治的影响研究，首先需应用相关理论知识，积极寻求正确的、发展着的认知，正确地确定行动的方向、计划和措施，减少盲目性的实践。认识的最终目的一定是要指导实践，认识如果不能够为实践服务，脱离了实践，那么就失去了实际意义。

二、高校体育和思想政治教育相结合的必要性

（一）高校体育课的特点为思想政治教育实践提供了可能

高校体育以身体练习为基本手段，宗旨是全面提升学生的身体和心理健康，为终身体育打下良好的基础。根据体育自身所独有的要求和特点，思想政治教育在实践体育课中存在可能性。首先，体育课有一定的运动强度要求。在高校体育课程实施的过程中，为提高大学生身体素质，提高学生的体质健康水平，会在安全、科学的前提下，每节课都为大学生制定合理的运动强度。运动强度会使学生产生较明显的生理应急反应，比如岔气疼、肌肉酸、心跳加速、呼吸急促等，学生会出现怕累怕苦、畏难退缩等心理活动，这时候思想政治教育就有了非常适时的融入机会，教师可以在学生休息的时候和学生聊一聊如何才能真正做到"不忘初心，积极进取，争当有理想有信念的新时代大学生"，这会对大学生坚定信心，提升意志品质，勇敢克服困难有非常大的帮助。其二，每一项体育活动都有规则

的要求。课堂组织的过程中有队形、队列、口令的要求；在项目规则上有明确的运动规则规范；在活动过程中有动作要求、练习次数、练习密度的要求等等，教师可以适时地将体育活动中的规则提升到每个人"做人做事"的规则，给学生讲一讲热点思政题材"全面依法治国的重要性与必要性"，这对大学生建立规则意识，服从规则有实质性的帮助。其三，体育项目的复杂多样性特点。高校体育以选项课为主，大学生可以根据兴趣爱好，选择参加适合的体育项目。学生对自己选择的运动项目一定是有兴趣的，有兴趣就要充分调动学生的想象力、创造力。比如健美操课程不能一味地教授动作，还可以融入队形创编、音乐创编、开头结尾造型创编等内容，从课程中注重学生创新意识的培养，将加快建设创新型国家落到实处。综上所述，高校体育中的体育教学中完全可以适时融入思想政治教育，侧重于顽强拼搏、坚忍不拔、勇攀高峰、规则意识、大胆创新等方面的思政内容，这是高校体育在新时代发展的要求与保障，更好地指导高校体育新时代的发展。

（二）不同项目所蕴藏的思想政治教育体现

高校体育中思想政治教育主要体现在以下几个方面。第一，代表学校参加各级别运动竞赛，提升为校争光、以校为荣的爱校教育，"胜不骄、败不馁"的人生态度和"尊重裁判、尊重对手、尊重观众"的道德品质教育。第二，集体项目中服从集体利益，不计个人得失，团结协作，与人为善的合作精神教育。第三，个人项目的"更高、更快、更强"，永攀高峰的积极向上精神教育。第四，通过体育活动调节情绪、缓轻压力、丰富情感的心理调整能力教育，帮助大学生内心充满正能量。

三、高校体育对大学生思想政治影响的实践途径

（一）加强校园体育文化建设

一流的大学需要一流的体育。体育文化是校园文化的重要组成部分，对保证师生健康、凝聚发展合力、推动学生爱国爱校教育发挥着重要的基础性作用。高校校园体育文化激发校园体育活力，调动全校师生参与体育活动的热情和积极性，是全体师生通过体育实践，创造出的宝贵物质与精神财富。《教育部共青团中央关于加强和改进高等学校校园文化建设的意见》指出"高等学校校园文化是社会主义先进文化的重要组成部分。加强校园文化建设对于推进高等教育改革发展、加强和改进大学生思想政治教育、全面提高大学生综合素质，具有十分重要的意义"。校园体育文化是高校体育融入思想政治教育的重要平台，建设过程是非常重要的实践途径。

加强校园体育物质文化建设。校园体育物质最能够直观地体现校园体育文化建设的水平，是高校体育活动能够正常开展的基本保障。校园体育物质包括足球场、体育馆、体育器材、体育雕塑等。加强校园体育物质文化建设，第一要满足师生们体育活动的需求，能够组织不同项目的体育活动。第二要注重教育性和美学价值，如搭建具有校园特色的体育项目雕塑，能够感染师生顽强拼搏、永攀高峰的精神，激发浓浓的爱国爱校情怀。

加强校园体育精神文化建设。校园体育精神文化是校园体育文化的核心内容，包括体育精神、体育观念、体育道德等。加强校园体育精神文化建设，一是要加强体育成果宣传展示，用宣传栏、荣誉墙等形式，宣传学校获得的优秀体育成绩、体育之星等典型人物与事迹，营造体育氛围，感染大学生参加体育活动的热情。二是要提升体育课堂教学成果，将大学生掌握一项或多项体育技能落到实处，引领大学生真正参与到校园体育中。三是要组织形式多样的体育比赛，包括体育文化月、体育文化周、融入趣味运动项目，增强师生参与的积极性。在这个过程中，培养学生的体育意识和习惯，给大学生充分展示的平台。四是要加强组织管理，使校园体育精神文化制度化、规范化、常态化。

（二）以校运会为抓手，实践思想政治教育

一年一度的校运会是每个高校的年度常规工作，各院系、各年级参与度高，是每年的校园体育盛事。高校应该抓住校运会参与度高的契机，融入思想政治教育，提升校园体育文化。

其一，校运会开幕式，全校师生欢聚操场，一场与"爱国爱校"相结合的大型团体操展示，会深深触动师生的内心，是一次非常有意义的思想政治教育实践；其二，加强统筹规划，组织协调，以校运会赛前、赛中和赛后三个环节为抓手，赛前工作主要是做好全校的宣传工作，为校运会预热。其中最重要的是开幕式大型团体操展示排练，这是向全校师生展示体育教学成果的一次大阅兵，更是激发师生"爱国爱校"情怀的最好契机，团体操展示要能够彰显新时代大学生为实现中华民族伟大复兴努力拼搏的精神风貌；赛中主要是赛事组织，可以增加"体育标语评比""现场助威团评比"等环节，营造出火热的赛场氛围，突出为集体做贡献的思政教育；赛后则要和新闻媒体、校宣传部主动联系，重视表彰和宣传报道，延长校运会思想政治教育的时效。

立德树人，树人重在立德。重视在高校体育工作中融入思想政治教育，不仅是贯彻落实党的十八大提出的"立德树人"方针的根本要求，也是践行我国高校思想政治教育工作的内在需求。高校要高度重视高校体育在思想政治教育中的重要作用，加强校园体育文化建设，以校运会为重要契机，加强组织管理，突出宣传引领，确保思想政治教育在高校体育中顺利实践。

第六节　立德树人与民族传统体育高校传承

立德树人是新时代教育的根本任务，也是民族传统体育进校园的认识基点。从立德树人的角度观之，民族传统体育高校传承具有三层价值：在国家层面，民族传统体育因其丰富的"以孝塑人"资源，使其在高校传承中具有"孝亲爱国"的明大德价值；在社会层面，民族传统体育因其丰富的"隆礼重法"资源，使其在高校传承中具有"礼敬谦和"的修公

德价值；在个人层面，民族传统体育因其丰富的"克己复礼"资源，使其在高校传承中具有"慎独慎微"的严私德价值。

中华优秀传统文化作为中华民族的"根"和"魂"，是引导当代大学生形成正确的世界观、人生观和价值观的应有之义。中华民族传统文化进校园则被视为"固本工程、铸魂工程和打底色工程"。民族传统体育作为中华民族传统文化的代表，不仅蕴含着深厚的中华传统文化精髓，更是兼具丰富的修身、修心和修性的文化内涵。长期以来，一些高校相继开展了形式多样、内容多元以及手段多的民族传统体育进高校活动，试图将高校打造成为民族传统体育传承的重要阵地。但在具体执行过程中，一些民族传统体育的传承却存在着"形式化倾向、实效性不足、操作性不强的实践困境和教什么、怎么教的理论困境"。究其原因，关键还是在于部分高校对民族传统体育在高校中传承的认识，要么还仅停留在作为竞技或健身项目的开展上，要么仅限于对传统文化的普及与推广层次上。在此认识观的指导下，民族传统体育高校传承活动或被等同于"高校内开展民族传统体育项目活动"，或被看作是"高校内进行传统文化的宣传与推广活动"。既然民族传统体育的传承场域是高校，那么，其传承活动必然要遵循着这一场域的根本教育规律——立德树人。因此，对其认识也应从"立德"的高度，重新认识民族传统体育高校传承的时代价值；应从"树人"的角度，重新构建当代民族传统体育高校传承的路径。

一、"立德树人"的三层意涵：明大德、立公德、严私德

"才者，德之资也；德者，才之帅也"。立德与树人，其中立德在前。立德是树人的基础，只有建立在道德完善之上的人才可称其为人才。就道德而言，它不仅是个人层面的私人美德，它还包括社会层面的公共道德，也是国家层面的国之大德。因此，"立德树人"就是要在国家层面实现"修身、齐家、治国、平天下"的国家大德，在社会层面实现"仁、义、礼、智、信"的社会公德，在个人层面实现"慎独自律"的个人美德。

国家层面的"立德树人"是引导大学生形成"爱祖国、爱民族"的国家大德。而明大德则是培养当代大学生"位卑未敢忘忧国"的责任，树立"苟利国家生死以"的担当，树立"先天下之忧而忧"的胆识，树立"我以我血荐轩辕"的赤诚。"大德"源自"天地之大德曰生"（《周易·条辞传》），其意为"大德无言，哺育万物，珍爱生命"。古人所尊崇的大德之人，必定德位相配，是以国家利益为重，具有为"为天地立心，为生民立命，为往圣继绝学，为万世开太平"的胸襟。

社会层面的"立德树人"是引导大学生形成"隆礼重法"的社会公德。公德意为公共之德、公权之德。守公德则是引导大学生将"自由、平等、公正、法治"作为个人行为。是将个体的"小我"与社会的"大我"相融相兼，使大学生形成使用遵守法律、遵守公共秩序的规则意识，使得大学生养成互助互惠的公共意识。公德是社会团结、稳定的磐石，是构建和谐人际关系的基础。只有形成了社会公德，社会整体的成长秩序才会呈现出"大

道之行也，天下为公"的良好状态。

个人层面的"立德树人"就是要引导大学生形成"慎独慎微"的个人品德。私德意为个人的行为习惯所遵循的道德规范。严私德则是要引导大学生形成"爱国、敬业、诚信、友善"的价值观，而这种价值观是一种自律意识，是一种即使在无人监督下，依然能保持较高的人格品行与行为操守。因此，古人曾言"慎独慎初慎微慎欲"。这种品格与操守的形成，来自日常生活的"尺寸之功"。只有通过对大学生自我控制意识的强化，才能做到"心不动于微利之诱"，进而形成文明之风盛行于校园的良好态势。

二、国家层面：民族传统体育高校传承具有"孝亲爱国"的明大德价值

（一）民族传统体育蕴含丰富的"以孝塑人"资源

众所周知，中华传统文化蕴含着浓烈的家国意识和厚重的爱国情怀。植根于中国传统文化的民族传统体育，更是时刻践行着这种意识与情怀，而这种践行正是通过"以孝塑人"的方式得以实现。许多民族传统体育项目均强调以德为先，同时又强调德要以孝为本。一些民族传统体育项目产生于节庆与祭祀活动，其本意便是对祖先与长辈的敬重、奉养和服从。流传于黔东地区的"鼓社祭"是苗族13年一次的祭祖活动，其本意为追念祖先、祈求祖宗保佑人丁繁衍、家族氏族团结和睦。而盛行于贵州松桃一带的苗族祭祖活动则为"剖果"或被称为"祭老"。许多项目在传承中更是将孝作为首要条件，如传统武术中注重"尊师重道，孝悌正义"。实际上，这种源自宗法伦理的孝文化，不仅很好地维持了传统社会的和睦与稳定，而且更通过家国同构观念架构的不断放大，形成了中国人独有的"家国情怀"。可以说孝道是中华民族传统文化中的重要精髓，孝文化不仅形成了中国家庭成员的行为规范，更是形成了中国传统社会特有的治理手段。因此，民族传统体育通过渗入以孝为本的思想元素，进而形成丰富的"以孝塑人"资源，不仅培育了参与者尊长重家的信仰，更是唤起了"亲亲而仁民，仁民而爱物"的乡土情感与"先天下之忧而忧，后天下之乐而乐"的家国情怀。

（二）"以孝塑人"资源能培育大学生"孝亲爱国"的国家大德

民族传统体育所提倡的"以孝塑人"，不仅把个人理想与国家兴盛联系起来了，也把个人发展与民族富强紧密联系起来了，进而实现了"孝亲爱国"的国家大德。民族传统体育通过"以孝塑人"的育人方式，潜移默化地将"孝亲爱国"之意灌注于参与者的内心。不仅激发了当代大学生浓浓的"天下兴亡，匹夫有责"的家国情怀，还陶冶了青年大学生的"共看明月应垂泪，一夜乡心五处同"的乡土情怀。高校是国民教育的关键阶段，肩负着传承优秀传统文化的历史重任，承担着实现"立德树人"的根本任务。尤其是在当下全球化日渐深入的背景下，文化思潮相互交织、碰撞，使得大学生的价值观念日益呈现出多

元化趋势。由此，优秀传统文化进高校的意义更是显得尤为重要。面对纷繁复杂的世界局势，面对矛盾交错的意识形态，重新认识民族传统体育中所具有的"以孝塑人"资源，使其发挥在高校传承中所树立"孝亲爱国"的意义。通过民族传统体育的开展，养成大学生爱国、爱民族的雄心大志。而对这一资源的挖掘，使得大学生在面对局势与形态时，能时刻以国家、民族利益为重，用实际行动守护国家稳定与民族团结的局面。

三、社会层面：民族传统体育高校传承具有"礼敬谦和"的修公德价值

（一）民族传统体育具有丰富的"隆礼重法"资源

民族传统体育中蕴含着丰富的儒家的"礼"文化内涵。这一内涵不仅体现在各种身体活动的实践之中，还体现在仪式过程之中。正是通过身体实践与仪式，将所蕴含的"礼"价值内化为参与者的内在品格，进而实现了民族传统体育的"礼敬谦和"功能。不同于西方体育所关注结果的"输赢性"，民族传统体育更多的是关注过程的"和为贵"。通过参与者的身体实践，实现了民族传统体育的"规范礼仪、扶老爱幼"的家庭伦理教育功能。通过仪式活动的举行，进而实现民族传统体育"公平公正、和平团结"的社会伦理教育功能。从这个意义上讲，民族传统体育架起了某一群体内部、群体与群体之间的交流与认同的桥梁。不同地域的群体或成员，因其活动的开展而聚集。通过活动中各种人与人之间的语言、行为的互动，实现了成员与成员、群体与群体之间的情感交流与价值认同，进而使得民族传统体育的实践空间成了实现成员与群体的社会化重要场域。礼射是一种以"以礼为核心、以射为基础"的民族传统体育项目。在开弓射箭的每个步骤中，强调"张弛有度、礼仪严谨"的行为规范，讲究"谦和、礼让、庄重"的行为态度，提倡"发而不中、反求诸己"的道德自省。通过升堂"相互作揖后登高"，下堂"作揖饮酒"等仪式规范，对手被涵化为推动自己长进的"另一只手"。无论是整个过程中的耦还是取箭、饮罚酒等行为，均强调"扣让"，以示尊重之意。通过这一谦让的规范与尊敬的含义，达到人与人之间的相互和谐的关系，进而实现儒家意义上的"礼"。外在的伦理道德规范最终被内化为个体的情感价值。因此，民族传统体育中所蕴含的"隆礼重法"元素，通过强调礼与法等外部社会规范体系对节制个人行为的重要性，进而起到对内修身成德与对外维系社会秩序的积极作用。

（二）"隆礼重法"资源能培育大学生"礼敬谦和"的社会公德

民族传统体育中所蕴含的"隆礼重法"的资源，不仅把个人理想与道德规范联系起来了，也把个人发展与社会制度紧密联系起来了，对引导大学生形成"礼敬谦和"的社会公德具有积极的作用。民族传统体育的"礼"不仅代表了一种道德规范，也代表了一套社会制度。通过尊重对手、节制个人欲望和崇尚谦让等方式，最终实现一种群体内部、群体与群体之间的和谐。例如，通过在大学生中普及与推广礼射项目，通过"自我节制、举止文

明、谦恭礼让、遵守规则"的实践活动使大学生在践行各种仪式的过程中，不仅能潜移默化地实现举止优雅、行为端方的个人行为准则，还能形成文明礼让、互敬互爱的社会风气。民族传统体育正是通过这一"礼敬"之活动，而实现社会"谦和"之目的。这一方式无疑对于弥补当前高校德育教育中"重言传，轻身教"的缺陷，具有积极的作用；对于当前大学生中普遍缺乏的"礼仪缺失、道德失范"的现象，具有积极的规范作用。并且通过这种身体的实践活动，能将内在人格力量外化于现实社会价值的创造中，进而实现个人的抱负。因此，从这个角度来看，在民族传统体育进高校的过程中，应深挖民族传统体育的"隆礼重法"的资源，并将其转化为"礼敬谦和"，进而实现其在修公德中的积极作用。

四、个人层面：民族传统体育高校传承具有"慎独慎微"的严私德价值

（一）民族传统体育富含"克己复礼"资源

中华传统文化中众多思想流派中，居于主导位置的是儒家思想。儒家伦理思想及精神几乎成为各个行业共同奉行的道德准则。民族传统体育的形成与发展亦不例外。受其影响，民族传统体育在其形成与发展的漫长岁月里，时刻践行着儒家的"克己复礼"的功能。这一点在传统武术中体现得尤为明显。"未曾学艺先学礼，未曾习武先习德""为武师，须教礼；德不贤，不可传""拳以德立，德为艺先""文以德新，武以德显""武德比山重，名利草芥轻""文以评心，武以观德""德仁者不教失仁，不德之人传而失艺""宁可失传，不可误传"等武术谚语，无不是强调了武艺学习中道德的核心作用。这一道德并非一种抽象意义的存在，而是被具象为"禁暴、戢兵、保大、功定、安民、和众、丰财"（《左传·宣公十二年》）七德。在传统武术看来，习武是成"仁"的途径，而达到这一途径的方法是"克己"。通过武术技艺上的修炼，达到以制取胜的目的。通过强调"复礼"，建立社会规则以制约人身上的"兽性"。正是通过"克己"与"复礼"，习武者最终能达到"力爱不仁"的最高境界。

（二）"克己复礼"资源能培育大学生"慎独慎微"的个人品德

挖掘民族传统体育中"克己复礼"的资源是提升个人道德修养的重要途径之一。通过对这一资源的挖掘与转化能够引导大学生形成"慎独慎微"的个人品德。所谓慎独，就是个体处在独自一人的状态时，仍然能够做到严于律己、恪守自我和言行统一的品格。一些民族传统体育项目长期浸润于儒家文化的土壤之中，不仅吸取了儒家文化中的文化涵养，更是将"成圣成贤"的人格追求作为自己的价值标准。通过身体活动，不仅停留现在技艺的纯熟上，更是实现"内圣外王"的人格操守。长期的民族传统体育练习还有助于形成高度自律状态。通过整个项目中各种礼仪、制度等规范达到对行为的约束，久而久之最终形成态度上的高度自律。正如《礼记·中庸》中所言"莫见乎隐，莫显乎微，故君子慎其独也"。

慎独作为一种高度自律的状态，是个人长期从事民族传统体育活动的体现。另外，民族传统体育的"克己复礼"，不仅培育参与者的慎独品格，还能培育参与者的慎微心性。慎微是一种注重细节和细微之处，不要因小而失大的个人性格与心智。一些民族传统体育项目尤其注重礼仪细节。如舞狮项目，无论是新狮启用，还是出狮、会狮、舞狮等过程，都具有一整套仪式规范。单是采青，就包括探青、食青、吐青等步骤。然而正是对这些细节的重视，终能培育参与者一种"向内成己，向外成物"的人生境界。

在当下全球化日渐深入的背景下，各种文化思潮相互交织、碰撞，使得大学生的价值观念日益呈现出多元化趋势。以民族传统体育为代表的中华民族优秀传统文化进高校的意义显得尤为重要。但是，在充分肯定民族传统体育的立德树人的价值同时，不得不清醒地认识到：发轫于农耕文明的民族传统体育，必然会沾染浓重的农耕观念与小农意识。

在这种观念与意识的影响下，民族传统体育不可避免地具有一定的局限性。因此，在肯定民族传统体育的文化价值的同时，要有意识地对其所隐含的局限元素进行甄别与分析，取其精华，去其糟粕。在批判中继承，在继承中发扬，进而使得民族传统体育在培育当代大学生的过程中，真正发挥三层"立德树人"价值。

第五章 高校体育教育立德树人的发展

第一节 立德树人的根本任务与体育教学

高校体育在高校"立德树人"工作中发挥着重要的作用。但是，当前高校体育教学中"育人"目标不够突出，体育教学内容和形式较为单一和落后，体育教育投入不足，设施老化严重，体育教师队伍"育人"意识还不强，"育人"能力还须提升。因此，高校应通过完善领导体制和机制强化体育教学地位，通过深化改革完善体育教学内容和教学手段，通过开展多种形式的培训增强体育教师的"育人"意识和"育人"能力，通过加大投入力度为"立德树人"提供根本保证。

党的十八大以来，以习近平同志为核心的党中央高度重视高校人才培养工作，反复强调高校要"把立德树人作为根本任务"，要"紧紧围绕立德树人这个根本任务"，深化高等教育改革，不断提高人才培养质量。体育作为高等教育的重要内容，同时也是综合能力素养培养的重要渠道，在贯彻落实"立德树人"根本任务中发挥着不可替代的功能。深化新形势下高校体育教学改革，全面贯彻落实"立德树人"根本任务是体育工作者义不容辞的责任。

一、体育教育在高校"立德树人"工作中的重要职能

体育教育在落实"立德树人"根本任务中处于不可替代的地位，在人才培养中发挥着重要职能，主要表现在以下三个方面：

（一）有利于培养学生积极健康的心态

体育以强身健体为根本宗旨，而健康的体魄会激发人的拼搏进取的精神，使其积极乐观地面对生活。而且，在高校体育教育中，无论是体育课堂教学还是校园体育文化活动，无论是教育内容还是活动形式，总是充满着运动性、竞技性、生活性和趣味性，因此，总能给人一种顽强拼搏的毅力、一种积极向上的动力、一种永不服输的耐力、一种充满阳光的活力。

（二）有利于培养学生创意创新的能力

培养大学生的创意创新能力，为创业做好基础性准备，是当前高等教育的一项重要任务，也是新形势下全面贯彻落实"立德树人"根本任务必须做好的一项重要工作。而高校体育教育，特别是校园各类体育文化活动，在内容和形式上都需要在实践中不断创新，以增强体育教学和体育活动的吸引力，更好地实现体育教育的目标和人才培养整体目标。比如，在很多高校，由学生自发组织的各类体育社团，开展的一些体育活动项目就很有创意，也吸引了越来越多学生参与，更好地发挥了体育的功能。

（三）有利于培养学生团结协作的精神

高校众多体育项目带有竞技性，而竞技性培养的不只是竞争意识和竞争技巧，还会培养学生的团结与协作精神。竞技性的体育项目按人员组成分为两类：一类是一对一的项目，如羽毛球单打、乒乓球单打；另一类是团队对团队的项目，如篮球赛、排球赛。前者虽然是两人对抗，但二者处于同一矛盾统一体中，相互之间是不能完全分离的，而是互相依靠、相互依存的，这就是辩证法。对于后者来说，不仅两个团队相互依存，而且每个团队内部的成员之间必须动作协调、密切配合、竭力合作，才能形成有效的合力，在比赛中战胜对方。因此，我们必须看到，高校体育是培养学生团结协作精神的重要渠道和重要方式。

目前，高校体育教育教学中，教师更多地注重体育教学和体育活动，"育人"思想还不够明确，"育人"目标还不够突出。虽然各高校体育课程也都围绕着育人要求设定教学目标，但在教学实践中更多地侧重了体育理论的讲解、健康体能的训练和竞技能力的培养，往往忽视了学生体育精神、人文精神和民族精神的培养，忽视了高校体育教育教学的终极目标。特别是青年体育教师所占比重较大，对体育教育教学理论、规律和教育教学目标把握不准，在教学实践中对学生的引导不够，以致体育"育人"职能发挥得不够理想。

高校体育课程都有自己的教学大纲，其编写的主要依据是《全国普通高等学校体育课程教学指导纲要》。但无论是在体育课堂教学中，还是在课下训练和校园体育活动中，教学大纲并没有真正发挥有效的作用。特别是部分地方高校，体育共同课的开设还比较随意，除了固定的学时学分外，课堂教学内容和教学形式基本上由任课教师自己决定。如，有的教师只是根据自己的兴趣或特长，在课堂上随意组织学生打打篮球、排球，或练习健美操、太极拳。尤其是有的地方高校体育活动场地和体育设施严重不足，导致体育课程教学效果和教学目标都得不到有效保证。

通过调查我们发现，目前部分高校体育设施老化较为严重，部分体育设施已不能继续使用，有的体育设施也已不适合新时期体育教育教学需要，亟须淘汰和更新。高校体育设施陈旧和老化的根本原因是受专业教育重要地位的影响，除了体育院校或体育专业之外，各高校对体育教育教学的重视程度普遍不够，导致体育教育教学投入不足，这也是当前很多高校体育教育普遍面临的最大困境。应该说，近年来国家大力倡导全民健身，也加大了各级各类学校体育教育教学的检查力度，同时还要求有条件的高校体育设施向社会开放，更好地发挥服务社会的功能。但受历史传统的影响，很多高校的体育设施建设根本达不到这一要求，甚至满足不了本校学生的日常健身需要。

在新形势下的高校教育教学中，教师和学生是"双主体"，这已形成共识，但教师在教学中必须同时发挥主导作用。一般说来，教师的教学指导思想、教育教学思路及目标，直接关系到人才培养效果和质量。教师只有以"立德树人"为终极目标，在头脑中树立"立德树人"意识，掌握"立德树人"规律，学会运用科学的"立德树人"方法和手段，才能真正实现"立德树人"的总目标。高校体育教育对教师的要求也是如此。但纵观长期以来的高校体育教师队伍建设，应该看到，教师的专业技能虽在不断提高，教师队伍的整体素质也在明显提升，但体育教师的"育人"意识还相对较弱，"育人"方法还相对落后，"育人"能力还须继续提升。

二、深化高校体育教学改革，全面落实"立德树人"根本任务

（一）通过完善领导体制和机制强化体育教学地位

2014年6月，教育部专门针对高校体育教育印发了《高等学校体育工作基本标准》，要求"统筹规划学校体育发展，把增强学生体质和促进学生健康作为学校教育的基本目标之一和重要工作内容，纳入学校总体发展规划，全面发挥体育在学校人才培养、科学研究、社会服务和文化传承中不可替代的作用"。为此，必须完善高校体育教育的领导体制，健全领导机制，以此强化体育教育在高等教育中的重要地位。高校党委要高度重视体育教育，真正实行学校领导分管负责制或体育工作委员会制。高等学校各相关职能部门也要积极协同配合，合理分工，落实相关岗位职责。另外，要加强和完善体育安全教育、伤害预防和风险管理，建立并完善与校园体育活动意外伤害相关的保险制度，为体育教育教学和校园体育活动提供完善的体制机制保障。

（二）通过深化改革完善体育教学内容和教学手段

高校要严格执行《全国普通高等学校体育课程教学指导纲要》和《高等学校体育工作基本标准》要求，在一、二年级本科学生体育必修课上，保证规定的学时学分；其他年级学生和研究生可根据情况开设多种形式的体育选修课，而且要将体育选修课成绩计算到学生的总学分。在课堂规模上，要控制每节课学生的人数。要不断深入推进体育课程和教学改革，发挥体育教师的积极性和创造性，科学合理设计教学内容，丰富体育项目。在教学内容改革的同时，还要创新教育教学方法和手段，教师要有意识、有目的地指导学生科学地参加锻炼，丰富锻炼方法，不断增强教育教学的针对性和实效性，增强高校体育教学和锻炼的特色。

（三）通过多种培训增强体育教师的"育人"意识

要增强体育教师的"育人"意识，提升"育人"能力，必须有计划、有目的地组织体

育教师参加各级各类培训。体育教师的培训，除了要增强教师的教育教学、教研科研、组织开展活动的能力外，更重要的一点是培育教师的"立德树人"理念，要使广大体育教师真正充分地认识到体育教育在深入落实"立德树人"根本任务中的重要地位和作用，充分认识到自己作为体育教师在"立德树人"工作中所肩负的重要历史使命和神圣职责。

（四）通过加大投入力度为"育人"提供根本保证

投入不足是高校体育发展的最大瓶颈。因此，高校要积极创造条件，努力加大体育教育的投入力度，健全学校体育教育的保障机制。高校不仅应将体育教育经费纳入学校整体经费预算中，还要随着学校的发展和体育事业的发展，保证体育经费与学校教育事业经费的同步增长。通过增加投入加强学校体育场馆、设施和器材等建设，保证体育设施、设备符合国家配备、安全和质量的相关标准。在体育教师队伍保障上，要从年龄、专业、学历和职称等方面合理配备体育教师，保证体育教学有充足的师资力量。同时，要保障体育教师的切身利益，要将各类体育文化活动、校内外体育训练、体育竞赛等工作与体育教学一样，一同纳入教师的工作量，充分保证体育教师与其他专业或学科教师同工同酬。在晋职晋级等方面，要健全体育教师职称评定、学术评价、岗位聘任和学习进修等相关制度，以此激发体育教师开展教学、指导和研究的积极性、创造性。

第二节　立德树人与体育专业学风建设

本节采用文献资料法、专家访谈法、逻辑分析法等研究方法，结合"立德树人"教育理念，对高校体育专业学风建设的现状和存在的问题进行深入的分析探讨，从学校、教师、学生自身三个层面，提出加强体育类学风建设的策略，促进高校体育类专业学风建设的良好发展，培养全面发展的高素质体育人才。

党的十八大报告明确指出："把立德树人作为教育的根本任务，培养德智体美全面发展的社会主义建设者和接班人。"立德树人是我国教育事业的根本任务，是党和国家教育方针的本质要求，也是当代大学生思想政治教育的根本任务。新形势下，党中央从战略的高度和全局的角度对我国教育事业的发展提出了明确的要求。

学风建设，是高校教育教学的重要内容之一，是保证学校教育教学质量、培养高素质体育人才的重要条件，是提高学校教育教学质量的重要条件，是决定体育专业大学生综合素质高低的重要因素，也是衡量和评定学校办学水平的重要指标。高校学风建设的水平，直接影响着体育专业学生的学业能力和综合素质，决定着高校体育类人才培养质量。

新形势下，高校体育类专业学风建设面对市场经济的飞速发展、高等教育的改革、多元价值观的冲击、网络的飞速发展和新时期大学生的特点等多重因素的挑战，已经显示出与党中央、国务院对高等教育的要求的不适应，高校教育工作者必须转变观念，高度重视，多措并举，加强体育专业学风建设，为体育专业学生营造良好的学习氛围，为体育专业学生全面、健康的成长保驾护航。

一、高校体育类专业学风建设的现状

（一）对于大学学习、生活不适应

不少体育类专业的学生入学后，经过紧张的军训和入学教育后，由于缺乏系统学习的经历，没有学习的习惯，学习文化基础薄弱，缺少良好的学习方法，甚至有人错误地秉承"60分万岁""体育类专业学生学习无用论"，对学校的教育、教学、生活环境不适应，不能尽快转变角色，适应大学的学习和生活。

（二）缺乏学习目标，学习动力不足

由于专业的特殊性，体育院校的学生在中学阶段相对偏重于运动成绩的获得，大部分时间在不同级别的运动队训练，学习的经历少、基础差、文化知识薄弱，入学时文化素质相对偏低，学习文化知识的热情大受影响，缺乏学习的兴趣和动力。部分学生比较茫然，认为搞体育不用学习文化知识，找不到学习文化知识的兴趣点，不知道学习是为了什么，对于自己所学的专业理论知识兴趣不足，没有积极的学习态度。

（三）自由散漫，自控能力较差

体育类专业的学生思想单纯、理性不足、竞争性强，进入大学之前，他们的时间大多用在了训练场，缺乏课堂学习的良好习惯，自控能力较差。这些原因造成了部分同学不能严格遵守学校的课堂纪律，存在上课迟到、早退、旷课现象，还有些同学上课"三无"（无教材、无笔、无笔记），课堂玩手机、睡觉等现象屡见不鲜。

（四）个性张扬，团队合作意识淡薄

当前，在校大学生多数为95后的独生子女，受社会和家庭环境的影响，他们思维活跃，接触新鲜事物比较快，个性较强，遇事不够冷静、理智，容易冲动，在成长过程中缺少团队合作的环境和经历，导致团队精神和合作意识淡薄。

上述现象影响了同学们学习、生活的环境，破坏了高校体育类专业的学风建设，影响了学校的教育环境和学校的人才培养质量。

二、加强高校体育类专业学风建设的对策

（一）学校层面

学校的学风建设是一个系统工程，需要领导统一思想，齐抓共管，将立德树人的根本任务贯穿到与学生的成长成才相关的各个环节，引导全体教师参与其中，真正实现全员育人、全方位育人。

1.深化教育教学改革，及时修订教育计划

随着高等教育向"大众化"的改变，学校相关部门应对体育类专业适应市场需求的情况进行详尽的调研，根据专业前景、发展空间、专业与社会需求的内在关系、教学大纲与社会的吻合度，完善专业课程体系和职业能力分解。合理设置专业课程结构，修订教育计划，整合教学内容，使学生所学知识真正与市场需求接轨，把培养学生的综合素质、提升人才培养质量作为各项工作的出发点和立足点。

2.加强师德师风建设，实现全员育人、全方位育人

全体教师要秉承"立德树人"的教育理念，提升综合素质，潜心学术，加强师德观念，牢固树立教书育人的观念。引导教师树立良好的师德风范，严谨课堂规范，做好表率，加强课堂管理，努力营造良好的课堂环境，为学生提供优良的学习氛围，促进学生学习意识提升，引导学生养成良好的学习习惯。

3.开展教学技能大赛

在个别课堂上，经常会出现教师照本宣科，学生昏昏欲睡、开小差、玩手机的情况。教师的授课能力停滞不前，学生自然难以产生学习兴趣。学校应不定期组织开展教学基本功大赛和教学技能大赛，提升任课教师的教学水平。平常教学中，邀请学科专家、老教师、学生代表组成评教组，对各任课老师的课堂进行评比，将评比结果与绩效酬金和职称评定相联系，促进教师教学水平的不断提高。

（二）教师层面

教师要深刻领悟"师者，所以传道授业解惑也"的内涵，铭记"有理想信念、有道德情操、有扎实学识、有仁爱之心"的好老师标准，扎根三尺讲台，用心钻研业务，服务于学生的成长成才。

1.更新教学理念，改进教学方法

作为新时代的教师，要结合时代的发展，不断更新教学理念，将教学内容与社会需求相结合，与学生就业能力的培养、提升相联系，教授学生易懂、易会、易掌握、与学生成长成才相关的内容。改变说教式、满堂灌的教学方法，搜集本学科、本专业最前沿的、学生感兴趣的话题，运用简单易懂的实例，或分组教学、实习实践等方法，创新教学方法，提升学生的综合能力。

2.严格控制课堂，调动学生的兴趣

教师在日常授课中应控制课堂，掌握课堂的主动权，杜绝"三无"、迟到、早退现象；用自身的人格魅力、独特的教学方法调动学生的听课兴趣，提升课堂教学效果；为保证学生的听课质量，可随堂提问、布置一定量的作业或安排随堂测验等方法，提高学生的出勤率和听课质量。

3.加强专业思想教育教育

许多学生在学习专业理论知识时，对本专业的学习目标、学习方向等非常盲目，不了

解专业理论知识的学习用处。教师在授课过程中，要强化学生的专业思想教育，要让学生认识到专业理论知识的重要性，让学生明白为什么学习本课程？怎么学？怎么用？多措并举，充分调动学生学习专业理论知识的积极性。

4. 改变考核的方式方法

传统的考试考核方法使学生平时过于放松，一到考试，就临时抱佛脚，记忆性的考试方式不能让学生真正掌握相关的理论知识。教师要根据讲授的课程，改变课程的评价形式，变单一的笔试为考试与考查、笔试与口试、文化与技能、期终考核与平时考查相结合的综合考核方式。让学生在平时的学习过程中就接受考核，各个方面都能得到锻炼和提升。

（三）学生管理层面

学生思想教育管理者要深入落实"立德树人，德育为先"的工作理念，围绕学风建设，通过加强思想引领，发挥学生干部队伍和优秀学生的力量，组织开展丰富多彩的校园文化活动等多种途径，充分调动各方面的力量，加强学分建设，为广大学生提供优良的学习氛围，提供成长沃土。

1. 加强思想教育引领

改变单一的说教式教育方法，通过演讲、征文、辩论、座谈、实践等形式，加大对学生"三观"的教育和引导，针对不同层次、不同阶段的学生，开展思想教育工作。同时，对学生开展职业生涯规划系列活动，通过名师讲座、新媒介宣传等形式，激发学生的学习动力，帮助学生明确学习的目标和方向。

2. 发挥学生党员干部的引领作用

学生党员干部是学生和老师之间的重要纽带，对学生的学习、成长有很强的引领作用。管理者要加强对学生党员干部的教育、引导，使学生干部端正学习态度，明确学习重要性的同时，积极地引导同学们端正学习态度，养成良好的学习习惯。

3. 组建学风建设督导队

学生是学校学风建设的主人，要发挥学生的主人翁精神，发挥学生的监督和管理作用，让学生参与到学风建设中，成立学生学风建设督导组，发挥学生自我教育、自我管理、自我成长的作用，加强优秀学生对身边同学的监督和引领。

高校体育专业的学风建设是一项长期、系统的工程，需要各级领导、全体教师的积极参与，需要同学们的密切配合，只有大家群策群力，才能形成全员育人、全方位育人的良好局面，不断培养学生的学习兴趣，提高学生的综合素质、综合能力，提升学生的就业率、考研率，提高学校的美誉度和知名度。

第三节　立德树人与高校人文教育

新时代，"立德树人"对德育的思想教育价值是历史性的契机，站在新的历史起点上，高校人文教育离不开德育的价值引领，而武德在人文教育中担负着体现民族精神的责任，也是促进个人优良品质形成的重要立足点。本节从新时代"立德树人"的视角，分析武德在高校人文教育传播中的问题，以及传播的途径、作用。在新的历史征程下，使武德的人文教育价值赋予大学生新的历史使命。

2018年9月10日，习近平总书记在全国教育大会上说到"要在加强品德修养上下功夫，教育引导学生培育和践行社会主义核心价值观，踏踏实实修好品德，成为有大爱大德大情怀的人"。"武德"作为高校人文教育的重要内涵，有着弘扬中华民族优秀传统美德、践行社会主义核心价值观，树立大学生正确的价值观，具备时代担当，塑造良好品质的重要作用，是践行"立德树人"的重要力量源泉。高校在人才培养的同时，通过加入"武德"的教育，能更好地规范大学生行为意识，进而为社会做出更大的贡献。明礼诚信、正直勇敢、自强不息方面又恰恰体现着中华民族的精神。所以，武德在高校人文教育当中亟须引起重视。

一、武德在高校人文教育中的现状及问题

人文教育是通过先进文化成果的传授，让学生在人与我、物与我的认知和处理上，形成正确的价值观、人生观、世界观、道德观，是综合素质教育的一种体现。新时代大学生不仅是获取掌握先进科学技术知识，探索创造新领域、新知识的缔造者，更应该肩负起继承中华民族优秀传统文化的责任和使命。而武德在新时代高校人文教育中更是担负着强烈的社会责任感和自强不息的民族精神的作用。目前，武德在开设武术课程的高校的传播情况看，大多数停留在武术技术的教授上，而"未曾学艺先学礼，未曾习武先习德"的德育观念教育微乎其微，往往只通过一两次理论课的概念介绍，或者通过讲座的形式，再通过典型历史人物进行简单讲授。在体育教材的制定上，各章节也没有对中华武术做出确切而简明的介绍；在教学大纲上，也没有武德的明确设计；在教学过程当中，也没有贯穿武德精神价值的体现。武德的教育意义没有在人文教育当中得到足够的重视，使得学生在思想上只停留在"武侠"的认知范畴，虽然理解了武德所包含的"仁义礼智信"等高尚品质情操，但在作为"完人"的个人修养实践方面，体现不出个人综合素质的完备，甚至上升不到爱国的情怀方面。而武德以一种涵养的方式和方法引导学生实现意志的自由，在爱国敬业、尊师重教方面发挥重要作用。

二、以武德"立德树人"的创新途径

（一）以武德构建爱国主义情怀

武术作为中华民族的国粹，在历史上担负着振兴民族的重任。武术在高校的教学中，要注入武德人文教育，使学生在思想上形成学习楷模的意识，汲取榜样的力量，激发学生深厚的爱国主义情怀，更好地担负起新时代大学生应有的时代责任，迸发出建设美丽中国的激情和动力。在武术课程教育中，注入武德的人文教育，以历史爱国人物为素材，提升学生人文素养。早在辛亥革命期间，孙中山、陈公哲等有识之士便把体育上升到民族兴衰和国家存亡的高度去认识，他们有着深厚的爱国情怀；有着为中国革命事业不顾一切、无私奉献的高尚精神和执着个性；有着共同的奋斗目标——振兴祖国，服务人民。据中山市档案馆馆藏档案记载，精武体育会（也就是精武门）是由陈公哲与香山人卢炜昌、江苏吴县人姚蟾伯于1910年创立，旨在发扬民族精神、强健民族体魄、抵御外辱、扶危济世，以历史爱国人物为素材提升新时代大学生人文修养、爱国主义情怀。

（二）用武德培养大学生社会适应能力

当前我国经济飞速发展，新事物、新业态、新领域不断刺激着传统行业，新的经济增长方式形成了新的商业生态环境，大学生在校学习专业科学知识已经不能满足当前社会对综合性人才的需要，对大学生的心理承受能力、社会适应能力提出了更高的要求，这就需要大学生在完成专业科学知识学习的同时，加强个人意志品质，培养坚韧、自信、开拓精神，才能更好地适应社会的迅速发展。而武德的精神价值正好对培养当代大学生精神品质，培养百折不挠、勇于奋斗、锐意进取、自强不息方面有着很好的促进作用。大学生在人文教育中汲取武德所具有的精神品质是新时代社会发展的需要，达到很好的社会适应能力，应对不断发展变化的社会，提高自身的社会竞争力，不但在科学知识技能上，更重要的是在个人修养品质上提高自身竞争力，形成有综合素质的高级社会人才。

（三）以武德塑造行为规范

首先，教师是教育活动中的主导者，对学生起到引领带动的作用，学生根据教师的引导做出相应的认知和判断，影响着学生行为意识和思想方向。教师的武德修养对学生影响巨大，教师的行为表率直接对学生形成潜移默化的影响。武术教学不同于其他教学方式，直观性比较大，教师的言谈、举止、品质、气质都会让学生进行效仿。"其身正，不令而行；其身不正，虽令不从"。为此，教师要加强自身修养，为人师表，以身作则，以最朴实的仪表、严于律己的行为凸显"立德"的本质，扬正气，行正风，德才兼备，起到表率的作用，树立榜样的力量。再者，思想品德教育最终要做到知行合一。学生武术教学中，把武德教育融入武术技术训练当中，有利于使学生的思想道德和思想行为有机结合。在学生心理和生理迅速成长的关键阶段，学生有着冲动、敏感、好动、义气、好胜、好斗等特性，加上经济的迅速发展，不良社会风气对当代大学生影响较大，学生的自制力和控制力相对薄弱，缺乏锲而不舍、精益求精的求道精神，集体主义意识淡薄。因此，加强武德教育，让武德教育贯穿武术课程教学的始终。让学生人生成长的同时，能用武德规范指导自己的行为，在面对不良诱惑、不良社会风气的时候能够清醒认识，正确判断。在汲取专业知识的同时，用自强不息、坚忍不拔的武德品质不断激励和鼓舞自己，探索新知识、新领域，用更大的能力为社会做出贡献。

三、人文教育中武德的价值内涵

（一）武德的时代人文教育价值

武德是在传统伦理道德的基础上形成和发展起来的，要结合时代需求捕捉武德的人文教育价值。中国传统文化核心理念之一《周易》的"自强不息、厚德载物"思想；中国传统文化"国有四维"中的"礼、义、廉、耻"；儒家的"仁、义、礼、智、信"核心价值观；《大学》中"修身、齐家、治国、平天下"的儒家理念，更是几千年来无数知识分子的最高理想。习近平新时代思想文化中要求育新人、兴文化，坚持立德树人、以文化人，建设社会主义精神文明、培育和践行社会主义核心价值观，提高人民思想觉悟、道德水平、文明素养，培养能够担当民族复兴大任的时代新人。

（二）武德在弘扬民族精神的体现

在经济全球化和我国经济飞速发展的今天，新时代大学生处在世界范围内的文化争夺氛围中，特别是西方的强势文化有着很强影响力和渗透力，国外反动势力也不断对我国进行文化殖民和文化入侵。武术作为民族传统体育运动，蕴含着中华民族精神，深入挖掘武术的民族精神，树立民族之魂，能够增强民族自信心、自尊心、自豪感，具有重大的战略意义。武德在当下和未来都可以担负弘扬民族精神的重任，服务于中国社会大局，在人文教育当中成为一股中坚力量。

新时代新征程，武德在"立德树人"背景下的人文教育价值，不仅体现在对当代大学生的时代新要求，更是新时代的战略文化要求。以武德所赋予的民族精神契合时代需要，塑造当代大学生个人修养，培养综合素质人才，担起历史使命，形成武德德育的人文教育价值体系，服务于社会，立足于民族精神的体现，更好地促进"立德树人"的价值引领，使我国的大学生在新的历史起点上发挥更大的作用。

第四节　基于立德树人的体育与健康教材德育

将德育内容纳入大学《体育与健康》的教材中是为了更好地体现"立德树人"的价值观。通过对道德观的梳理，以便让学生可以在体育活动中更深刻地体会德育的重要性。将德育教育引入《体育与健康》也可以更加全面地体现体育的价值，完善体育的教育功能。本节主要对《体育与健康》这本教材进行分析，研究体育教材中德育内容的一些特征，分析其"立德树人"思想的运用和影响。通过本研究以期为促进高校大学生身心健康发展，实现高校大学生综合素养的提升，提供理论与实践层面的参考。

高校体育教学的过程是需要围绕教育核心来开展的，而规范课程的教育核心内容的工具就是教材。每个学科都要有自己的教材，可见教材对于课程的正常开展是至关重要的。对于体育学科而言也同样是不能离开教材的。本节通过对高校体育教材《体育与健康》的研究，旨在提高教材中德育内容的丰富性及实用性，提升体育教师对于整体教育观的把控。"立德树人"的教育理念也是与社会主义核心价值观相吻合的。因此，做好体育教材《体育与健康》的德育内容的研究，对推进我国德育有着积极的作用，对大学生的心理健康、人格的发展也有着决定性的影响，有利于促进德育的发展。

一、大学《体育与健康》教材德育内容的特征及价值

（一）立德树人是教育的根本任务

随着社会经济的发展，社会上一些道德问题也越来越多地暴露在了世人的眼中。小孩子心理越来越脆弱，教师、医生这样的职业也越来越不能得到世人的信任，高学历犯罪的情况也有增多的趋势等，这些问题都只是我国德育缺失造成的冰山一角。为了提高国民的素质，德育越来越受到重视。其实对国民进行德育教育的工作早就开展了，只是效果不理想。立德树人不能仅仅提供知识，还要有基本的道德观念做支撑。如果失去了应有的道德观，人生就会出现偏失，甚至做出有损社会的事情。所以要将德育渗透到教育的每个角落，时刻提醒学生注意自己的道德行为，帮助学生从小养成正确的道德观和价值观。

（二）学校体育在育人方面具有独特的价值和功能

我国的整体教育方针始终是要培养德智体全面发展的人才，其中体育也是十分重要的组成部分。体育课有着不同于其他课程的特点，因为体育课的实践性和社会性更强，所以体育课也就顺理成章地成了德育的必要载体，同时体育课也是德育不可替代的实践基地。但是由于德育工作开展的效果并不理想，我国对于德育的研究十分有限。在仅有的德育研究成果中也是侧重于对德育的理论研究，很少有将德育与体育结合的研究成果，导致体育教材中的德育内容欠缺。

（三）大学阶段是大学生人格塑造的关键时期

人们可能会更加关注小学生的德育教育，因为小学生正处于认知的阶段，对所有的事情都充满了好奇，也更加愿意积极地去模仿，但是大学生的德育也是不能够忽略的。大学生正处于人生的关键转型期，这个年龄段的学生，从未成年人进入了成年人的世界，开始拥有了自己的判断力，也能够接触更多的环境，更重要的是大多数大学生也是人生中第一

次离开温暖的家，开始独立地面对社会上的诱惑。相比之下，大学生更容易在纷繁复杂的社会中迷失自己，形成错误的道德观和价值观。因此，高校需要在大学校园中开设道德教育的课程，对大学生进行正确积极的道德引导，避免大学生走上歧途。但是现有的德育教材已经过时，而且缺乏系统的梳理，所以，必须建立一个科学的、合理的、符合大学生认知的德育体系，这样才能保证德育工作的顺利开展。

三、基于"立德树人"的高校体育与健康课德育实施策略

（一）发挥体育教学优势，落实德育

体育教学是我国教育中的重要一环，通过体育锻炼不仅可以强身健体，还可以塑造大学生的心理素质，可以说是一举多得。高校的体育课是学校生活中体育课程的终点站，经过高校的体育课后就再也没有系统的体育课程了。离开了大学，体育锻炼就要依靠自身的习惯和兴趣了，所以高校的体育教师要把握好最后的阶段，对大学生进行习惯和兴趣的培养，以便这些习惯和兴趣可以伴随大学生终身。体育课程本身就具有很强的感染力，很少有大学生会拒绝参加体育活动。体育活动也更符合大学生朝气蓬勃的精神面貌，可以让大学生在运动中挥洒青春的汗水，体验青春的脉动。而且体育本身也是人类文化的一种形式，是伴随着文明的产生而出现的，是人类文明的外延。在体育课程中，教师要充分尊重大学生的选择，尊重大学生的处世模式，不能用过时的思想去压制年轻人，否则会导致大学生的抵触，不利于德育教育工作的开展。当发现大学生存在思想缺陷时，要及时地对其进行引导，但是要注意引导的方式，不能伤害大学生的自尊心，以免适得其反。教师要了解大学生的思想动态，走入大学生的生活当中，才能及时发现和了解大学生的思想变动，提高德育教育的效果。

（二）发掘体育与健康教材，渗透德育

一直以来人们都将德智体分开表达，这也让人们以为德智体是三门互不相同的课程形式，会传授学生不同的技能。但其实德智体三者是分不开的，是相互渗透在一起的。体育课程除传授大学生体育运动的技巧，在运动的过程中还会锻炼大学生的意志品质。比如，马拉松长跑，虽然只是一种长跑运动，但是却可以让人养成坚韧不屈、勇敢拼搏的思想品质，这些品质对大学生日后的工作乃至社会生活都有极其重大的影响。而像篮球这样的团队运动，又可以在运动的过程中培养彼此的感情，让大学生懂得团队的重要性，可以直面自身的缺点，可以欣赏其他人的优点。所以在安排体育教材时要充分利用体育课程的优势，合理地将德育贯穿其中，增加体育课程的趣味性的同时，让大学生的思想也得到升华。体育教师在为优胜者庆祝的时候，也要密切关注失败者的感受，让大学生体验挫折是必要的，但对其情绪进行正确的疏导也是德育的重要工作。总之，德育是一个十分复杂而且长久的教育过程，教师要全身心地投入才能收到满意的教育效果。

（三）发挥榜样激励作用，体现德育价值

教育一直都被要求要"言传身教"。体育教师在体育技能上是绝对的主导者，要亲身示范每个动作，以便大学生掌握和模仿。在思想道德教育上，体育教师同样要以身作则，为大学生树立榜样。大学生在接受体育教师的教导的同时，还会观察和体会教师的言行举止，如果体育教师的言行举止有悖道德的要求，大学生就会怀疑教师讲授的真实性和可靠性，进而影响到体育课中德育的效果。所以体育教师要时刻注意自身的气质，对自己要有较高的要求，真正做到为人师表。对学生进行赞扬时要发自内心，不能为了表扬而表扬，要让学生感受到教师的真诚。在一个积极的、温暖的环境下学习运动的大学生，肯定也更加容易积极向上地去面对社会，去面对日后的种种艰辛。因为在大学期间，体育课程已经在大学生的心中下洒了阳光，黑暗便再无藏身之所。德育是一种潜移默化的方式，不像其他学科那样直接讲授，而是要靠大学生自己用心去体会。体育教师也要认清德育教育的特殊性，注重每一个细节，让德育在体育运动的过程中悄悄地对大学生产生影响，大学生在正确的思想的感染下，也会趋利避害，树立正确的价值观。

第五节　以立德树人为核心的高校体育精神文化发展

"立德树人"的提出围绕高校"培养什么人，如何培养人"的根本问题展开。在发展高校体育文化精神的同时融入德育，转变发展模式，不断深化德育内涵，培养学生的实践能力和社会责任感。对目前高校体育精神文化的发展进行梳理，认为"立德树人"要求将德育融入高校各种形式的体育文化校园体育文化活动当中，使学生能够认知自我，并引导大学生积极参与到健康的健身活动中；通过培育和弘扬大学体育精神，完善高校体育文化内容，创建特色体育文化品牌，使大学生在亲身体验中潜移默化地受到感染，并乐在其中，育在其中，益在其中。

2016年12月7日，国家主席习近平出席全国高校思想政治会议并发表重要讲话：高等教育的发展是一个国家发展潜力的重要标志，教育的地位和作用在实现中华民族伟大复兴中起着关键的作用，教师要更好地担当起学生健康成长的指导者和引路人，引导广大教师以德立身、以德立学、以德施教。要坚持把"立德树人"作为中心环节，实现全程、全方位育人，努力开创我国高等教育事业发展的新局面。习近平总书记的讲话从国家的战略高度指出了目前高校的工作方向，并再一次把"立德树人"这个教育的根本任务摆在了核心位置。高校体育既是训练又是娱乐，既是对学生的身体教育，又是校园文化的重要组成部分，在培养现代人才方面起着重要的作用。高校体育文化作为一个衡量大学的风气和精神品格的标尺，它不仅是高校文化健康、活跃、繁荣的重要标志，也是高校青春活力的象征。坚持以"立德树人"为宗旨，高扬社会主义核心价值观，传承我国优秀民族文化，培

养德、智、体全面发展的社会主义事业合格建设者和可靠接班人。

立：树立，德：德业，立德即是树立德业。"立德"出自《左传·襄公二十四年》："大上有立德，其次有立功，其次有立言，虽久不废，此之谓不朽。"树：培养，人：人才，树人就是培养人才。"树人"出自《管子·权修》："一年之计，莫如树谷；十年之计，莫如树木；终身之计，莫如树人。"我国正处于多元文化的背景中，"培养什么样的人，怎样培养人"是我国社会主义教育发展中需要解决的根本问题。"立德树人"要求我们以德育为先，把理想信念教育融入教育的全过程，弘扬以爱国主义为核心的民族精神，从课程教育、社会实践和校园文化三个方面进行构建，将德育教学贯穿于学校教育、家庭教育和社会教育的各个环节。德育教育要求培养学生积极、向上、乐观的品格，让学生创造并分享快乐，塑造完美纯真的心灵，并注重对特殊群体学生的关怀和帮助，使学生在获取知识的同时得到健全人格的培养和人文关怀，将学生的培养从知识层次提升到生命层次。

一、高校发展模式的转变

党的十八大提出高校"内涵式"的发展，对于全国的高校的教育质量和教学发展具有深远的意义。我国高校教学改革正在由规模扩张向质量提升方向转变，将高校的教学质量作为教育的生命线，其内容包括：人才培养、社会服务、科学研究以及文化传承和创新。将人才培养作为发展的第一要务，把培养质量作为首要的衡量标准，把培养学生的社会责任感和实践能力作为第一目标，推动教学改革稳步、快速地发展。高校的发展特色和定位是在教育规律和人才成长规律的基础上，结合社会对人才需求的多元化为主线实施的发展策略。应逐步探索国内合作、国外开放的发展模式，给予人才培养新的动力和活力，依托本院校的优势学科并不断深化兄弟院校、政府和科研单位的协同合作，加强国际交流，不断提高对外开放办学的深度，引进国外优质教育资源为我所用。

二、德育教育与体育精神文化发展的不平衡

"十年树木，百年树人"，培养大学生的价值观和判断能力，使他们能形成环境道德观，养成关心与爱护环境的素养。新的体育教学理念更加侧重于学生的个性发展和素质的培养，注重学生的全面发展，培养体育意识和良好的心理品德，为"立德树人"的教学理念渗透到体育精神文化中提供了良好的基础。当前学校体育事故频发，部分高校为防止事故的发生，可以减轻课堂锻炼负荷和强度，将学生"按在原地"违背了体育教学的本质，忽视了育人功能，导致学校体育开展出现困境。健康的体育活动开展是解决这些问题的有效途径。一方面，体育锻炼可以强身健体，身体器官适应一定的运动负荷和强度，减少猝死事故；另一方面，长期锻炼可以使学生形成安全意识，提高心理健康水平，形成坚持不懈的意志品质和终身体育行为习惯。在此基础上有针对性地开展体育锻炼活动，进一步为学生创造良好的锻炼环境，从而形成良性循环。

三、高校体育精神文化发展对"德"的维度的影响

詹万生提出德育的"五要素说"，包括：横向贯通、纵向衔接、分层递进、螺旋上升，整体构建德育体系，并主张德育文化要贯通古今、融汇中西、继承借鉴和发展创新，并要求和谐的德育需要家庭、学校、社会相互结合。高校体育教育在传授学生体育技能和方法的同时，也兼顾着对学生德育的培养。体育教学在传授学生知识和技能的同时，也承载着对大学生"育心"的重任。但在高校体育教学和身体锻炼过程中，对"德育"没有一个明确的目标和评价标准，也造成了一些模糊的概念，使得高校德育没有在体育锻炼的过程中充分体现出来。

体育德育是校园体育精神文化的重要组成部分，高校体育教学大纲中把对学生的爱国主义和社会主义教育摆在了重要的位置。当代大学生处在思想大融合的国际环境中，很容易受到各种思想道德和文化的冲击，极易导致学生受到不良文化的影响。体育精神表现出来的坚持不懈和顽强拼搏是民族精神的象征，也是中华民族的精神内涵。因此，高校大学生丰富多彩的体育教学内容在培养大学生集体主义观念和爱国主义思想方面具有独特的优势。

合作与竞争是相互对立且融合统一的，合作是竞争的基础，竞争是合作的目标。目前，大学生不健康心理表现形式为自卑、敌对、孤僻、压抑等，这些心理问题不仅给学生带来困扰，也给教师的教学带来了较大的阻碍。体育教学和身体锻炼是一个立体化的过程，通过练习和团队配合给学生创建一个充满竞争和合作的"小社会"，在这个"小社会"中培养学生彼此的协作能力和稳定的意识倾向，也间接地培养学生的责任感。体育活动中的游戏比赛等集体活动极大地增强了学生团队合作意识，培养大学生勇于向前、不断超越，发挥个人潜能，实现自身价值。

大学生对体育锻炼产生"恐惧感"，不能忍受严寒酷暑，怕苦怕累，对个别运动项目恐惧等。在体育运动中，需要学生具有坚定的意志，而高校体育文化的积极开展能够有力地促进大学生意志品质的培养。针对新形势下大学生成长的特点，培养其坚韧的意志力，加强社会适应能力是德育的主要任务之一。体育锻炼不仅是身体的锻炼，更深意义上则是性格的培养。毛泽东曾说过："意志者，故人生事业之先驱也"，这也从侧面说明意志力在一个人的事业当中具有重要的影响。

四、新时期体育精神文化的发展路径

如何引导大学生积极参与到健康的健身活动中，自觉鉴别和抵御各种不健康思想的侵袭，是高校"立德树人"的重要内容，也是新时期的高校体育精神文化建设的重要使命。高校着力推进具有中国特色、时代特征和学校特点的高校体育精神文化建设，积极探索高校体育精神文化建设的功能定位、形态内涵和传承创新等实践路径，努力把握高校体育精

神文化建设的导向性、规律性和实效性，着眼于弘扬大学体育精神，培养大学文化，丰富大学生活，构建和谐校园，使高校体育精神文化成为培养新时代社会主义合格接班人的有效途径。

（一）培育大学体育精神

高校体育精神是体育整体面貌、特色、感染力、凝聚力和号召力的集体体现，是学校大学生的体育信念、情操、理想、道德和审美水平的标志，也是校园体育文化的灵魂和支柱。高校的发展历史在有形和无形中成为培育大学体育精神的传承载体，校史是对高校的发展历史进行回顾总结，也凝聚着在学校创业过程中全校教职员工所付出的艰辛和所有体育人取得的辉煌。高校体育精神能够使得大学生凝聚人心、团结奋进，能够感受到大学的文化价值和历史底蕴。高校体育精神文化建设更多地是挖掘该校历史发展中所蕴含的文化传承和大学精神，引导学生走出学校，开阔视野。由学校到社会，由社会到国家，由国家到家庭，由家庭到个人，完成"社会人"的成熟转变，对完善大学体育精神文化的传承起到积极的作用。

（二）弘扬大学体育精神

高校体育精神普遍存在于大学的各个体育活动项目中，体育精神的呈现形式除了参与专门的体育教学、校运会和体育俱乐部的活动外，大学生的体育精神培养仍然存在创新和拓展的空间。广泛邀请体育知名学者和体育明星通过实地和网络开展体育精神文化讲座和研讨会，通过这种形式的体育文化教育，达到"立德树人"的效果，引导大学生参与到学校的体育文化活动和建设当中。体育精神文化学术讲座和研讨会不断提高大学生在体育文化认知方面的深度和广度，成为现代大学弘扬和传承高校体育精神文化的最佳途径，也是德育在体育精神文化建设中创新的成果。大学生将自我认知转化成自身内在的资质和修养，将理想信念和个人未来发展结合，促进大学生形成个人理想和社会责任、国家命运相融合的德育，以达到全方位教育。

（三）提高体育赏析能力

体育赏析可以将体育运动所表现的特有精神文化和内在魅力传递给学生，达到一种赏心悦目的精神享受。提高大学生体育赏析的能力，使大学生具有一定的体育理论基础知识。体育赏析不是精彩赛事的简单重复，而是引导学生怎样理性地欣赏体育。因此，教师不能将体育知识死板地传授给学生，而是通过精彩的体育视频以及学校体育赛事激发学生对体育运动的兴趣，让学生看懂体育比赛，正确理解开展体育赏析的方法、途径、意义。在正确引导学生欣赏体育赛事的同时，还要避免负面效应的产生。只有这样才能使学生通过体育赏析更全面地认识到体育的精彩。

（四）完善高校体育文化内容

体育精神文化体现大学的校风、校貌，也是人际关系的动态体现和文化建设的精神内涵。传统的体育文化体现着高校深厚的文化底蕴，是对大学生进行德育教育的宝贵资源。通过开展吸引力强的体育文化活动，将德育渗透到文化活动之中，使大学生在活动中思想得到熏陶，精神得到充实，道德得到升华。开展以"自主、自愿"为主题的社会活动，促使大学生积极参与体育社团、志愿者服务和社会实践活动，调动学生参与和谐社会建设的积极性，进一步完善了校园精神文化发展的内容。立足于学生乐于参与、便于参与，发挥学生的主观能动性，以"自我感悟、自我教育、自我体验"为主题，开展内容丰富、形式多样的课外活动，吸引大学生广泛参与。

（五）创建特色体育文化品牌

高校结合自身的实际发展，走出一条具有区域特色和学校品牌的体育文化之路。将高校的办学特色和教学传统结合起来，发挥特色优势，立足学校传统，将现代体育与传统体育相结合，确立具有本校特色的体育活动项目并加以扶持，建立优势项目高水平运动队并在校内形成体育竞赛体制，进行体育课程改革的创新与发展。在一定条件下，将高校与社会的体育资源进行整合，分阶段免费为社会开放。在指导教师的带领下组织大学生进社区，在传授知识技能的同时，为居民义务讲解和传授体育保健常识，拓展了体育精神文化建设空间，丰富了体育精神文化内容，提高了大学生对于校园体育文化的参与度，推动了校园体育精神文化向多元化方向发展。

第六节　高校体育与立德树人互动核心素养 SWOT 分析

党的十八大以来，体育课程与教学改革紧紧围绕落实"立德树人"教育要求的根本任务，在"五育并举"的教育格局中牢牢把握和遵循体育课程的独特育人价值，取得了丰硕的成果和优异的成绩。十九届四中全会审议通过的《中共中央关于坚持和完善中国特色社会主义制度、推进国家治理体系和治理能力现代化若干重大问题的决定》指出："要完善'立德树人'体制机制，深化教育领域综合改革，培养'德智体美劳'全面发展的社会主义建设者和接班人。"2016 年 9 月，《中国学生发展核心素养》正式发布，其中确立了中国学生发展核心素养的 3 个维度、6 大素养及 18 个具体的方面。当前，体育课程核心素养是落实立德树人根本任务的重要组成部分，而以核心素养为导向落实高校体育课程思政建设是重任，关乎学校体育培养路径选择和道路设计，也拓展学校体育的育人功能。

一、高校体育健康课程与立德树人互动核心素养优势（S）分析

20 世纪 90 年代，由美国、澳大利亚、英国等国提出"核心素养"教育导向，20 多年业界和学界对核心素养的认知逐渐达成统一。"核心素养"是一个人全面发展、健全人格、适应社会、面向未来所具有的知识、能力、情感和品德。体育素养强调了体育运动的科学

性，更加关注学生的体能发展、技能掌握、健康行为和体育品德，但查阅文献可知，近些年对体育品德相关研究少。美国体育核心素养更加侧重于技能导向，英国侧重于学生的认知能力，加拿大倾向于对学生未来的影响，而我国更加注重体育核心素养的整体结构及结构落实过程中的育人效果。

体育也可以说育"体"，体不是终点，而重点在育体途径，通过核心素养实施而达到目的。体育核心素养由运动技能、健康行为和体育品德三个方面组成。毛泽东在《体育之研究》中指出"体育应配于德育与智育一道，而德智皆寄于体，无体是无德智也"，体现了体育育人功能。而运动技能、健康行为、体育品德作为体育与健康学科核心素养的重要构成，充分体现了学校体育的学生育人价值。运动技能强调学生掌握的所学知识、技能水平；健康行为主要指身体机能、心理的健康，以及适应外部环境能力；体育品德强调在运动过程中应遵循的规则和纪律，在过程中所表现的不怕困难精神和面对挫折和失败的勇气。

"立德树人"核心就是要把思想价值引领贯穿教育教学全过程，实现全程育人、全方位育人。习近平总书记在北京大学师生座谈会上指出，人才培养体系涉及学科体系、教学体系、教材体系、管理体系等，而贯通其中的是思想政治工作体系。"立德树人"的成效是检验学校一切工作的根本标准。那么如何将体育课程核心素养与"立德树人"互动，要在怎样互动核心素养、互动什么核心素养、为什么互动核心素养上下功夫。品德是个人道德境界的标志，与个性、个体心理、人格发展息息相关。体育品德作为体育核心素养的重要组成部分，是落实立德树人根本任务的核心环节。

二、高校体育健康课程与立德树人互动核心素养劣势（W）分析

一线体育教师是落实高校体育课程核心素养的关键所在，也是落实立德树人体育课程思政的关键点。体育课程思政不是简单的体育课程教学改革或教学方法、教学手段的创新，而是教学理念的创新，教学教育价值的回归。其中最关键的是体育教师所具备的知识理论、思想引领、技能。以核心素养为导向，体育教师教育分为两个阶段，即在职进修和正式教师职前培育，重点是提升教师素质。

首先，体育教师全面发展是专业提升的重要条件。树立体育教师的权威观，要改变社会对"谁都可以上体育课"的误解，彰显体育教师的权威价值。因此，体育教师要不断吸收新观念和思想，培育新能力，注重身心平衡发展，做到"知行思"统一。其次，从高校体育教师对于核心素养认知运用在教学过程、评价的现状来看，并不尽如人意，主要影响因素在于过去高校体育课程教学以基本运动技能掌握为主，体育教师已经习惯了过去的教学模式，对于核心素养或金课、翻转课程等了解有限，如今推动高校课程思政建设更不可能一蹴而就。最后，高等院校体育师范专业培养目标、体系、评价要紧扣核心素养理念和"立德树人"核心价值。

三、高校体育健康课程与立德树人互动核心素养机遇（O）分析

马克思主义是指引我国社会主义事业建设的总指导和总理论。在"立德树人"教育要求引领下，高校体育课程思政重点在于体育课教学过程中，将思想政治素养贯穿于学校人才培养体系理念、方法和过程的总和。习近平总书记在北京大学师生座谈会上的讲话中指出："人才培养一定是育人和育才相统一的过程，而育人是本。"人无德不立，育人的根本在于立德。

在"立德树人"价值引领下，高校体育课程核心素养在教学实施、设计、路径上，不仅要吻合学校思政教育的总体导向，还要始终坚持将马克思主义基本原理作为体育课程思政建设进程中的行动指南，引导和培育学生在体育学习过程中运用辩证唯物主义思想和历史唯物主义方法理解运动理论知识和解决运动实际问题，引领学生将自身奋斗目标与国家、中华民族伟大复兴联系起来，将自身发展和国家命运、使命担当联系起来。加强党对教育工作的全面领导是办好教育的根本保证，发挥好思政政治工作效能是实现党全面领导的主要途径。

四、高校体育健康课程与立德树人互动核心素养威胁（T）分析

教育文化是文化的一部分，学校体育文化又是教育文化的重要组成部分之一。在学校体育文化发展、继承的过程中，体育教师是一个关键角色。体育教师文化理念在一定程度上影响课程教学的质量，同时体育教师专业水平提升也关系着学校体育的整体继承、创新和发展。体育教师在课堂上培育学生体育核心素养，一定程度上受体育教师自身的观念、思维、思想、风格、习惯、知识、能力、行为等影响，也可以说是与体育教师文化问题密切相关。

文化自信是道路自信、理论自信、制度自信、文化自信"四个自信"中更基础、更广泛和更深厚的自信。坚持文化自信也是新时代发展的必然基础。文化自信是对自身文化主体生命力信任，对文化价值的认同，不是盲目、自傲的自信，是对中华民族文化自信和认同，对革命文化自信、对社会主义制度自信和认同。体育教师文化自信首先要弘扬师德文化，在教学过程中，践行基本的道德规范，秉持以德育人，用人格魅力和专业水准培育具有信念、理想的学生，做一名师德正气的体育教师，这是一名具备体育核心素养教师的前提和基础，做一名具有价值感和使命感的体育教师。

在"立德树人"教育要求引领下，高校体育课程核心素养是新时代学校体育的必然要求，学校体育健康发展是新时代中国特色社会主义的重要组成部分。德育是体育核心素养的重要组成部分，也是学校体育落实立德树人的重要出发点和落脚点。体育教师作为落实体育课程思政的关键点，肩负着学校体育发挥德育功能的使命和责任，体育教师文化自信

与学校体育教学质量密切相关。新时代体育课程思政是新事物，建设过程中，没有现成的经验可供参考和借鉴。在建设过程中一边探索价值内核，一边发现困境，一边构建评价机制，使体育课程思政建设研究按照"立德树人"预设目标和路径科学稳步前行。

第六章　高校体育教育立德树人协同作用

第一节　立德树人目标下高校体育文化建设

高等教育内涵式发展对德育、智育、体育三大教育体系提出了新的要求，围绕着"立德树人"的统一要求，三者既有自身内涵的充实与发展，又有相互间的交融与整合。高校体育同样面临谋求新思路，实践新方法，探索新途径的时代命题。明确高校体育根本任务，大力加强高校体育文化建设，德智体结合完善育人模式，从资源整合、政策引导、实践探索等多个方面尝试创新，不仅仅是体育工作者的重要职责，更应当成为整个育人队伍的共识。

从高校现实发展来看，随着生活水平的提高，体育成为满足人们生活需要以外的享受需要和发展需要的必然选择，走向了市场经济和全球一体化的道路。主要依赖政府投入的高校体育因为不具备社会投资的环境，导致娱乐化和产业化的体育更多地将高校看作资源输出机构而非投入对象，从而导致高校体育经费投入总量少且不稳定、投入渠道单一、投入结构缺乏宏观调控力度等现象的发生，与竞技体育的发展形成了鲜明对比。历史与现实的种种原因潜移默化地影响着人们对高校体育的认识，一定程度上造成了目前高校体育的困境。

而从社会期望来看，高校的基本功能经历了传授知识、科学研究、社会服务和文化引领四个层面的逐层递进和累积，其自身的存在和发展必须适应所在时代赋予的职责和要求。人类文明的发展使现代社会运转体系中对智力因素的依赖一定程度上弱化了对体质因素的要求，体育的外化效果正在逐渐减弱。具体表现在社会对人才培养质量的评判标准中，即：智力水平的高度因代表了一个人的受教育程度而占绝对主导地位，德行水准因决定了一个人道德价值的社会评定而备受关注，体质因素的要求则基本停留在一个较低的水准。社会对"高分"的追捧纵容了对"低能"的忽视，中学阶段对体育的集体失声为大学送来了体弱多病的"天之骄子"，紧随而至的就业压力伴随着高校排名的盛行，使高校挣扎在教学水平与科研实力的生存大战中，本就投入不足的体育时时遭遇雪藏。体育的根本任务和发展方向得不到清醒的认识，体育对德育、智育的内化效果得不到很好的转化，从而导致了高校体育与德育、智育相比，受重视程度和总体投入出现巨大的差异。

一、大力加强高校体育文化建设的必要性

高校体育文化指的是一所学校在长期的体育活动中创造的精神财富、文化心理氛围以及承载这些精神财富、文化氛围的活动形式和物质形态的总和，在高校文化育人范畴中发挥着不可替代的作用。作为校园文化的重要组成部分，高校体育文化除了具备一般群体文化的特点以外，还有着明显的独特性，即以高校师生为主体，以校内各类体育组织为载体，以校园为主要活动空间，以课内外各类体育活动为主要内容，以校园精神为核心统领各要素。高校体育文化的建设和发展需要学校管理者从长远发展和统筹规划角度进行指导和协调，除了为体育提供必备的基本保障条件以外，非常重要的一点就是要发动德育、智育工作队伍加入体育文化建设中，认真分析现有条件，精心设计活动方案，将单纯的体育活动赋予全新的内涵，将理想信念教育和思想道德教育赋予新的途径和载体，使学生综合素质的提升不再拘泥于我教你学的固有形式，而是与学生成长成才的各个环节融为一体，尊重学生的主体地位，拓宽体验式教育的方法和途径，以服务促建设，实现育人之本。

相对于范围更加广泛、内容更加丰富的校园文化建设而言，我国的高校体育文化建设作为其中的一个组成部分，目前仍处于相对弱势的地位，对于如何在现有形势和条件下采取有效途径开辟体育新局面尚存在许多困惑，理论界有关的研究探讨和经验总结相对较少，有待广大体育工作者的不懈努力。在现有教育机制下，要想实现高校体育文化大发展，必须打破以往一切僵化思想的禁锢，大胆创新，勇于开辟新思路，敢于施行新做法，在实践中不断摸索和检验。

二、加强高校体育文化建设的措施

高校体育文化建设的主体是高校师生，载体是高校师生从事的各类体育活动。高校师生从事的体育活动大致可分为两类，即课内体育教学活动和课外体育活动。高校体育文化建设可以从这两个方面入手，在不同的平台上结合各自特点，采取适当措施发挥不同的作用。

体育教学活动是高校体育的主战场和制高点，是体育优质资源最为集中之所在。体育教学课程是"寓促进身心和谐发展、思想品德教育、文化科学教育、生活与体育技能教育于身体活动并有机结合的教育过程；是实施素质教育和培养全面发展的人才的重要途径"。近年来，《普通高等学校体育课程指导纲要》等相关文件纷纷出台，要求各级学校按纲要开足体育课，配齐体育教师，完善体育设施，使得高校体育教学逐步走上正轨。在此平台上，围绕育人目标开展的教育理论研究和教学方法创新，为繁荣高校体育文化奠定了坚实的基础。高校体育文化建设要想提高水平和层次，就要不断提高教与学的效果，即提高体育教学活动的质量。一方面，要认清新形势下高校体育的根本任务，重视体育体系化建设，减少从属性和随意性，增强独立性和规范性，从医学、心理学、教育学、社会学等有关学

科中汲取宝贵经验，拓展体育理论范畴；另一方面，要破除应试教育的模式，将科学先进的教学方法付诸实施，大胆创新、勇于实践，重视发展学生的主体性，以参与、体验、引导等方式完成体育的内化功能，使学生真正感受到体育给自身带来的积极变化，形成良好的体育意识和健康的身心状态。此外，还要主动加强与德育、智育体系的融合，发动各方育人队伍各取所长、融会贯通，以发展求生存，改变高校体育的从属地位。

课外体育活动一般指第一课堂以外的体育活动，是高校体育的重要组成部分，是高校实施素质教育的重要途径和有效载体，是反映高校体育文化建设水平的真实窗口。课外体育活动是对第一课堂体育教学的有效补充，其在文化娱乐、分类群聚、兴趣培育、人才选拔以及德行塑造等方面发挥着独特的作用。高校常见的课外体育活动有运动会、早操、各类体育竞赛活动以及体育社团活动等。在这些活动中，体育教师不再是体育的唯一施教者，大学生也不再是唯一的受教者，从事活动的人群在教与学的身份之间进行着灵活自由的转换，同辈间的互动显著增强，社会活动明显增加。我们在课外体育活动的现场经常看到的情景就是：参与师生兴高采烈、学生骨干热情服务、学工队伍密切配合、体育教师认真指导、赞助商笑容满面、广大教职员工和团员青年和谐相融，共同享受体育活动带来的乐趣。课外体育活动对大学师生的吸引力是巨大的，对增强师生体质、丰富校园文化、开展意识形态教育和社会主义精神文明建设的作用是无可替代的。因此，在这一平台上，要充分整合教务、团委、学生处、工会、体育教学部等各部门资源，鼓励体育类社团协会的成立和发展，激发德智体育人队伍的共同能量，积极引入社会资源，形成全员育人格局，实现良好校风学风教风的自然传承。

此外，在第一课堂和第二课堂的体育活动中，都要有意识地增加体育文化，引导大学生在多元文化的视角下培育自身开放、健康的文化立场，借由体育文化带来的身心体验，达成对人与人、人与自然的哲学思考。一方面，要对中国传统体育文化的开展进行鼓励和扶持，发挥其形神兼备的人格养成作用，在身心统一论的指导下，通过"内意识"的修炼促进大学生伦理道德和人文情怀的健康养成；另一方面，要在各类体育竞赛活动中引入西方现代体育文化，借助标准、精确、细致的体育规则，锻炼大学生理性思维能力和抗压能力，强化主动进取性格的塑造和竞争意识的培养，通过"外环境"的改善促进人体内外和谐健康发展。

高校体育文化作为校园文化的重要组成部分，在师生中有着积极的激励凝聚作用，能够纠正应试教育导致的畸形体育价值观，继而帮助青年学生完成自身塑造，树立正确的世界观、人生观、价值观。同时，体育中包含的政治因素，使得高校体育文化带有主流意识表述的特质，因而在新时期具有更加特殊的地位。从历史发展和民族振兴对人才要求的宏观视角而言，德、智、体三方面因素缺一不可，体育的价值与德育、智育一道构成了主体价值。大力加强高校体育文化建设，正是在立德树人目标的指引下实现人才培养主体性的必然要求，需要全体高等教育工作者的共同努力。

第二节 立德树人视域下高校体育金课建设

2018 年教育部出台的《关于狠抓新时代全国高等学校本科教育工作会议精神落实的通知》文件提出，"高等教育在学科建设中应淘汰'水课'、打造'金课'"。而体育课从幼儿园直至大学是伴随人生最长的教育过程，在担负提升国民身体素质责任的同时也肩负着"立德树人"的重任。在党的十八大报告、十九大报告及《关于加强和改进新形势下高校思想政治工作的意见》等文件中分别指出"立德树人"在我国教育中的使命和任务，强调高校"以立德树人为根本，培养应用型社会发展需求的全能型人才"。总之，"立德树人"在当代大学体育教育过程中承担着中华民族伟大复兴的历史使命。

我国高等院校体育"金课"如何实现"立德树人"的目标，学界专家进行了多方面的剖析，论述了高校体育"金课"应从教学质量、大学生身体素质等方面出发，重视学生"德育"塑造，但大学体育"金课"如何"立"，立怎样的"德"，如何"树"，树怎样的"人"等问题，还需深入研究。毕竟大学生"德育"教育受多重因素的影响，建设路径存在差异性。本节结合高校体育课程内在规律，探寻高校体育"立德树人"推进"金课"建设的路径，为高校体育课程发展提供理论参考。

一、高校体育"金课"建设促成立德树人的价值归属

所谓"金课"就是指一流课程，它不局限于某类学科，而是一种具有高阶性、创新性和挑战度的课程。"高校体育金课"，就是指在新时代高等教育人才培养理念与体育教育哲学理论指导下实施和建设的具有上述"两性一度"的一流课程。"人"指的是一种存在的可能性，具有发展的本质，"德"代表的是价值观、价值取向，也可以说是一种价值规范。"立德树人"是中国特色社会主义教育的根本任务，培养的是社会主义建设者与接班人。

2018 年在全国教育大会上习近平总书记强调"要把立德树人融入并贯穿于各级各类教育的各环节、各领域，学科、课程、教学、教材、管理、评价等工作都要围绕立德树人工作进行开展"。立德树人是高等教育之魂，而课程则是落实高校人才培养的关键支撑，直接影响着"培养什么样的人"。体育课程同样承担着立德树人的重要责任，在培养德智体美劳全面发展的社会主义建设者和接班人方面扮演着不可替代的角色，而高校体育"金课"则是对高校体育课程的进一步"升华"，在"培养什么样的人"的目标导向方面提供有力支撑。

当前，我国高校体育所传授的知识疏离生活，造成现有的知识与社会法则脱离。从生命厚度与卓越性的视角展现体育技术规则来说，高校体育教育应归类为生命教育，其主要目的是展现生命关怀。高校体育"金课"在传授契约精神的同时，让大学生能在实践中接

受规则与法制教育。虽然高校体育"金课"在项目构成性上与一般高校体育课程是相同的，但其"道德规则"完全不同，"立德树人"是为独立个体意志创造开放性境遇，并发展为普遍意志的过程，在此过程中个体与群体建立紧密联系，普遍意志的形成结果又促成个体意志的升华。高校其实是一个小型模拟社会，大学生在规则下实现自由，高校体育"金课"教育为大学生提供平台，教育内容涵盖生命、道德等。因此，高校体育"金课"建设能有效促成立德树人的价值归属，塑造社会主义接班人、建设者的德行。

二、高校体育"金课"立德树人的时代困境

（一）课程建设理念滞后

高校体育的核心竞争力是课程，"课程建设"的主体是体育部，其不仅承担着体育教学、研究、竞赛等各类任务，还肩负着人才培养及学科育人的使命。当前我国高校体育学科课程发展滞后，从中国"双一流"建设名单看，体育院校只有两所高校上榜。本研究所剖析的"高校体育"涵盖了广义"大学"的范畴，而不是特指体育类高校。体育课程建设理念滞后表现在：首先，归属不明。学科归属不明主要体现在学位名称命名、学科类别分类、学位制度管理等方面界定不清。在现实中国内体育学科在高校归属部门不同，如军体部、公共课部、体育部等组织，其本质是对归属认知的矛盾。其次，边缘化。体育课程在高校的地位得到认可，但仍处在薄弱和边缘化的境遇，获得的支持有限。最后，话语权有限。国内高校体育课程建设是在政策话语下进行博弈的，体育课程建设不是内在的自主行为，而是通过政治和行政权表达诉求，在综合性高校，体育基本话语权缺失。所以，高校体育课程建设滞后阻碍"育人"实践及大学生"德行"养成。

（二）德行教育精神懈怠

"师者，教之以事而喻诸德也，德之不修，学之不讲。"阐明了德育在课堂教学中的重要性。以德"立身、立学、施教"作为教师在课堂教学中的宗旨，以"立德树人"作为教师在课堂教学中的核心要务，其在"言行举止"上都是正能量价值观的取向，高校体育教师"身体话语"和"德行修养"潜移默化地影响学生。在现实中既具备"授业"又具备"传道"的老师不多，在授课过程中一些教师太过重视技能的学习，并未涉及德育教育；有些年轻老师生活压力大，致使其丧失了对工作的信仰和激情，也有些老师德育认识不足，觉得是其他老师的事情。在工作中针对德育，部分体育老师表现"松懈懒散"，也可以认为在"立德树人"教育中懈怠。主要原因表现为：一是知识储备限制教师德育教育传授；二是教学过程中教学目的和过程指向发生偏离，影响教育实践；三是相关教辅人员德育培养意识淡薄，影响了德育在体育课程中的播种培育。

（三）仪式教育流于形式

高校体育"金课"建设中的仪式教育是"立德树人"必不可少的环节。习近平总书记

指出高校教育应"建立和规范礼仪制度增加认同感和归属感"。高校体育仪式教育是对主流价值、情感归属的教化，但是在当前，高校体育仪式教育并未形成应有的价值。如课堂开始与结束之时的师生问好仪式经常被忽视，运动竞赛的入场、宣誓仪式丧失应有的严肃。从高校体育课程整体发展情况看，课程实施中对仪式教育的意义认识不足。仪式教育流于形式，主要表现为：首先，仪式认同感不强。高校体育仪式主要是对参与者的世界观、道德等方面进行教育。在国内，高校体育授课过程中仪式的认同和师生情感体验不足，仪式"德育"受到严重质疑。其次，仪式失范。高校体育课程在"立德树人"中的主体是"大学生"，目的是希望仪式教育获得制度化存在。最后，管理缺位。高校体育仪式教育应使"立德树人"在大学生教育中形成仪式记忆。然而，在体育教育实践中却经常出现管理上的缺位，"形式主义、个性主义、博眼球"等教育仪式越来越多，致使教育缺失。

（四）学习主体性角色的"缺位"

高校体育教师课堂的"教"与大学生的"学"之间的矛盾。体育课堂学生学习缺位主要包括以下几点：

一是教师授课的过程中学生存在聊天、走神、看手机等情形。二是教师布置的教学任务学生是否完成，需要给个大大的问号。三是主动授课与被动学习间的矛盾，课堂整体存在老师与学生"应答、应对"的病态呈现。学生没有学习独立性和主动性，只是一种行为主义形式的存在，停留在机械被动型课堂形式上。其主要原因有：（1）动力和思维缺位。学生学习成为一项被迫的苦差事、内驱力不足。学生思维不足将缺乏智力劳动量、质疑和批判性。（2）注入式教学、照本宣科等。教师将学生看成是受教育主体，抹杀了学生主动性、独立性和批判性，这种教学方法严重阻碍了学生进步。在高校体育课堂教学中主体学习缺位是不健康的课堂。这样的课堂在教学质量和人才培养方面无法得到保障，"立德树人"的育人目标也很难实现，人才规格将大打折扣。高校体育"金课"建设迫在眉睫。

三、立德树人背景下高校体育"金课"建设的路径优化

课程是培养大学生全面发展的系统过程，其涉及学校、教师、学生、社会需求等诸多主体相互审议与适应的创生过程。所以，高校体育"金课"建设是一项综合工程。剖析"水课"和"金课"特点，为高校体育打造、开发"金课"提出内外部优化路径：

（一）高校体育"金课"建设的内部路径优化

1.扭转"重科研轻教学"旧有观念，更新课程标准理念

在立德树人的历史使命背景下，教师作为高校体育"金课"建设的主力军，应改革教师"重科研轻教学"的考核制度，扭转教师旧有观念，调动主力军投身教学的积极性与创造性。第一，改变"科研与教学"脱钩情形。高校体育学的研究应立足于基础课程实践，从课堂中拓展研究领域，从基础研究中提升教师的学科素养，将研究成果应用在教学上，同时教学也可以反哺科研。高校体育课不同于中小学体育课，其课程质量并未规定标准，

在教学领域中仍有很多未解之惑，高校应给体育教师足够的弹性空间，激发体育教师的责任感使之成为终身学习者。第二，引导教师将精力转移到教学上。根据学校类型进行定位，完善体育教师分类评价制度。从制度上将体育教师划分为教学型和教学科研型，就不同类型教师在晋升、考核上制定不同评价标准，鼓励体育教师在工作中实现自身价值。第三，从教学条件、在职学习、薪资福利等制度上支持体育教师。加大对体育教师的扶持，如在人才称号、职称评聘、出国进修、办公条件等方面调动教师教书育人的积极性。

高校体育"金课"建设应在坚持"立德树人""健康第一"以及着重培养体育教师核心素养的理念指导下施行。针对每个阶段"金课"中的德育标准，立德树人应明确和细化阶段性任务，从内容上对高校体育"金课"建设的每个阶段设置理论课与实践活动课的合理比例，注重德育渗透。从体育"金课"的教学大纲上设置衔接度高的理论课，在授课过程中强化德育，使每个学期的"金课"在德育上互相衔接、在课程中连续传授，并针对"学情"设置体育"金课"标准及体育技能训练内容，使大学生的体育学习更加流畅。

2. 优化人才培养方案，提升教学质量

目前，高校体育课程基本上存在如下问题：首先，在课程设置上并未按照人才培养目标进行实践，存在依照教师能力开设课程而产生的本末倒置现象；其次，以"通识教育"为幌子，开设层次低、容易通过的通识选修课等；再次，课程建设上与相关学科纵深交叉不够，学科间的界限过于分明，致使各学科知识间缺乏紧密联系，相互脱离、彼此封闭。针对以上问题，高校应重构体育"金课"：第一，根据教育部专业培养目标对课程质量的要求规划专业课程架构，充分论证及完善人才培养方案，消除"因人设课"现象，从课程设置上杜绝"水课"，提升课程体系应用性；第二，以培养人的核心素养为第一要务，将创新能力与课程设置等内容相结合，贯穿于人才培养的整个过程；第三，破除学科阻隔，改变原有的课程设置模式，建设大学体育学科项目模块，实现通识课与专业课相融合的交叉互联学习，从而更好地落实高校体育课程的"三自主"教学；第四，联合其他相关学科教师开发课程，呈现出课程体系的科学性、多样性、综合性等特点。

3. 引入现代化教学手段，推进教学模式创新

近20年来，我国高校体育改革分为两个阶段：素质教育阶段、信息时代阶段。在信息时代阶段教学形式变化明显，改变了以往的单一知识结构和片面化教学模式，将立德树人下的教学与线上教学融合，强调大学生主动性的培养，开展新型教学和多种教学形式；从传统的军事课、实践课等给予学生足够空间；将立德树人中的德育教学放在课堂情景中，帮助大学生解决体育"金课"过程中的学习矛盾，让大学生养成主动求知的习惯及综合能力，提升大学生核心素养。传统的高校体育课堂与当前学生需求矛盾突出，需要体育教师具备现代化的教学技术及手段，将现代化信息技术手段与体育"金课"融合，帮助学生便捷地掌握知识，使学生成为合格的现代化建设者。

体育"金课"教学模式是在教育部全面实施"六卓越一拔尖"计划关于落实课程"质量革命"的指导思想下，建立起来的一系列方法体系和教学程序框架。任何一种体育"金

课"教学模式的创新都需要通过其教学单元以及课时的实施和设计体现出来。现阶段随着教育部从提倡高校规模扩张到全面转向内涵式发展的推进，丰富和创新教学模式对提高体育"金课"质量有其特殊的意义，教学模式的创新不但有利于体育"金课"教学的深化改革、促进教学理论与实践的有机结合，还帮助高校一线教师简化教学问题，为其科研提供新的研究思路。因此，从建立提高体育"金课"质量的长效机制视角来看，推进教学模式的研究和创新是实施新课程发展和提高高等学校素质教育的需要。

4. 健全德育评价机制，完善课程评价体系

首先，高校应听取多方意见，合理确定德育评价在教师考核指标中的权重，可将职称评定、未来晋升与教学考核评价挂钩；阶段优化每个年级的管理考核机制，建立考评与管理相融合的局面；针对高校体育"金课"制定奖励措施，从制度上激励高校体育教师开展体育"金课"工作的积极性。

其次，在高校体育课堂教学体育知识的过程中应将德育渗透到每个环节，将德育作为考核内容与体育技能考核成绩相结合。在高校体育教学中，体育教师应将大学生课堂出勤、意识等作为评价指标。高校体育"金课"中德育考评不是独立存在的，而是融入体育"金课"教学情境中实现的。因而，高校体育教师应根据学情和教学内容设置计划，对学生的认知、体能与技能、德育及价值观方面进行科学合理评价。

完善高校体育"金课"评价体系。学校应研究制定体育课程"金课"评估标准，启发大学生形成严谨学习和逆向思考的思维。在高校体育"金课"评价中应体现系统性、科学性原则。现有的教学评价存在学生评教正式性问题，高校基本都采用学生评教，质疑的声音也经常会有，师生关系异化。有些老师无底线迎合学生，哄着学生，降低体育课程考核难度，无视课堂纪律等。因此，探寻一套有效评教体系显得尤为重要，也是我国高校体育"金课"建设的关键内容。只有建立科学合理的课程评价机制，才能更好地激励教师及时进行反思、积极提升教学质量，帮助体育教师实现科学化教学。甄别教学好坏仅仅是课程评价机制中的一种手段，而不应作为唯一手段，促进人的发展才是课程评价的终极目标。所以，应摈弃仅凭"教育目标"的达成度来施行行为主义的奖惩式课程评价机制。

5. 提供专业发展平台，提升教师核心素养能力

大学体育教学质量与教师、职能部门的合作是分不开的，高校体育"金课"建设应重点从以下两方面出发：

（1）明确教师发展中心的职能和使命。中心要聚集各学科专家建立团队，为教师教学能力的进一步提升提供服务平台。一是对新来体育教师进行岗前培训。从体育专业技能、体育理论、职业道德规范、备课、上课、课堂教学方法等内容进行培训，新教师要给老教师当助教，考核不合格的应再培训。二是对体育教师的培训要不断更新教学方法和实践技能。体育课堂需要不断创新，这就需要老师更新固有的知识结构及教学方法，坚守立德树人之道，建设高校特色体育"金课"。三是增加职业道德规范教育，塑造教师献身精神。教书是崇高事业，提升大学生身体素质也是国家赋予体育教师的历史使命，要有"孺子牛"

的韧劲。

（2）打造教学、科研、专业发展、人才培养等一体化的综合教研室。教研室对体育教学质量提升作用巨大，促进教学研究开展、集体智慧发挥等，根据课程划分设立多种类型与形式的教研室。高校体育教研室应从训练、教学方法和大学生身体机能变化等方面进行研究，还应从培养方案、专业目标、人才规格、专业课程体系等方面进行研究。教研室集体研究学生发展区，从高校体育"金课"出发把握大学生发展区的"度"，实现"立德树人"的目标。

以高等学校提供的专业化发展平台为契机，围绕以下几方面提升教师核心素养能力：其一，提升道德修养。作为人类灵魂工程师，崇高的道德修养在塑造当代大学生的思想道德时起到关键作用。因此，高校体育教师在体育"金课"授课中要注重德育及自我师德修养，在学习中增强道德观和育人使命，坚持立德树人为第一要务，做德行高尚之师，言传身教、以身作则去教育学生。其二，注重相关知识的学习及实践。随着学校体育课程变革的不断深化，体育课程改革进入信息化阶段，要求高校体育教师为满足发展需求，结合体育"金课"建设提升自身能力。高校体育教师积极接受新的教学方法培训，丰富教师专业理论和提高专业技术水平。将运用信息技术和教学研究作为出发点，创新"金课"教学模式，开发多种多样校内外课程资源以实现育人目标。从高校体育"金课"中提升大学生身体素质及德育认识，教师应从技能、过程、方法等方面去提升发展，要用师德塑造大学生，努力成为大学生的人生导师。其三，增强自身规范。在高校体育"金课"中充分认识主导和主体角色，体育教师应启发大学生主动学习体育理论、专业技能和德育知识。结合大学生的学情，体育教师进行德育和体育技能传授。高校体育"金课"教师要不断地学习，提升理论水平、技能水平和德育水平，以身作则发挥榜样作用。

（二）高校体育"金课"建设的外部路径优化

1.完善社会、网络环境

互联网的内容鱼龙混杂，信息技术在高校体育"金课"教学中的应用同样是把"双刃剑"，运用得当会推进立德树人落实，监管不当则会导致低俗不健康内容充斥其中。所以，政府部门应落实和履行好监管者责任和义务，为大学体育"金课"开展创造良好的网络环境，保障大学生获取健康知识，促进立德树人落实。在高校体育"金课"中引导大学生定位好目标、观念和认知能力，强化大学生的发展能力，将"培养社会主义核心价值观"人才作为培养党的核心价值观的主要任务。高校体育教师应在日常教学中贯彻党的核心理念，培养情怀和品德，提升自己的能力和思想境界。在家庭教育中孩子受父母影响很大，需要父母有正确的养育观念。在为人父母的修行中辅助孩子形成正确的人生观和价值观，促进孩子立德树人的实现。

2.完善家校信息联通机制

近年来高等学校越来越重视大学生的入学准备情况，家校联动是获取学生入学前基本信息的重要途径之一。教师通过与家长沟通交流、电话访谈、调查研究等方式建立家校信息联通机制，可较准确了解入学前学生基本健康状况以及所具备的基本知识、基本技能的起点水平，为高校体育"金课"的打造做好诊断性评价，以便教师在体育"金课"建设阶段确定学生的入学准备程度、决定对学生的适当安置、辨识造成学生学习困难的原因，在体育"金课"设计上更有针对性，做到"知己知彼，百战不殆"，进而促进体育"金课"立德树人的实现。

3. 提升自我教育

随着信息技术的发展，"素质化教育体系"正式向"信息化课程体系"转轨。高校体育"金课"德育是课程内容的重点，在高校体育"金课"开展的德育有自我教育和启发教育等。大学生自我教育是存在客观规律的，根据教学目标和学情设定自我教育内容，大学生可以参与社团、学生会等组织，从中开展自我教育。高校体育"金课"教学过程是自我教育的落实过程，体育教师通过体育"金课"为大学生树立信心，辅助大学生就自身情况制订计划，引导大学生预习与反思，在高校体育"金课"学习中提高水平。从自我评估过程中分析教育内容和方法的有效性，进行调整并完善效果评估能力。高校体育"金课"教学中自我认识是自我教育的基础。在体育"金课"教学中实践是大学生学习的根本，在实践中践行知行合一，在实践过程中完成自我提升。

从高校体育"金课"建设过程中探索实践方法和问题，在体育"金课"实践的过程中总结经验，使体育"金课"建设研究朝"立德树人"设定方向前进，有效促进当前大学生道德素质提升。

高等教育已逐渐进入大众化教育发展阶段，优质教育资源不足的现象正日益凸显，提高教学质量已然成为高等教育的生命线，而课程建设则是提高教学质量的重中之重，是高等学校实现人才培养目标的重要保障。作为高校体育"金课"的建设者、开发者、引领者的体育教师应紧跟时代发展步伐，以课程建设和改革为契机，推进高等教育内涵式发展，落实好教育部提出的立德树人任务。高校体育"金课"建设应厘清思路，从办学理念、学科特点、学校定位、社会需求、内容特色等方面考虑，构建新型高校体育"金课"课程体系，从人才培养方案优化、教学理念更新、教学模式创新、专业平台搭建、评价体系完善等方面探索实施，坚持将立德树人作为高校人才培养的根本任务。

第三节 立德树人视域下高校体育文化育人路径

习近平指出：要坚持把立德树人作为中心环节，把思想政治工作贯穿教育教学全过程，我国高等教育肩负着培养德智体美全面发展的社会主义事业建设者和接班人的重大任务。这再一次明确了高校育人使命的具体内涵，预示着高校的树人使命，以文育人以文化人。高校体育文化在育人方面具有重要作用，在教育中承载着无法替代的功能。在信息化大繁荣大发展时代，积极开展校园文化创建工作，开展丰富多彩、形式多样、积极健康、优雅得体的体育文化活动和社会实践活动。高校要立于不败之地就要立德树人，坚持把立德树人贯穿于教育教学全过程，实现全程和全方位育人。在高校教育中体育文化育人是重要途径更是关键环节，具有其他科目无法取代的特殊功能和内涵。

一、体育文化

教育包含体育，体育属于教育，素质教育的发展离不开体育，体育为素质教育开辟了新道路。参与体育运动可强健体魄，强化意志品质等，在体育锻炼中可收获健康、快乐、尊严及人格的完善。体育蕴含着深厚的文化内涵，是人们生活方式和精神载体之一。体育文化，广义是指人类在历史发展进程中，在体育方面创造的一切物质文明与精神文明的总和。发展体育文化是人类社会文明进步的重要途径，是构筑核心价值观的重要方法。体育文化具有全球性、社会性、差异性、融合性、继承性、时代性，需要体育人传播、诠释、感悟、传承和发展。

二、高校体育文化育人作用

（一）践行公平竞争理念

物竞天择，适者生存。社会发展快速，竞争常态化，压力普遍化。面对诱惑和利欲渲染，大学生应有自律意识，力行抵制，把公平竞争摆在第一位，秉承一种道德至上的信念。没有公平，竞争将无法开展，体育运动中任何人都不能逾越和凌驾于规则之上。随着体育运动的普及性，诚信、守则、规则面前人人平等的公平竞争理念正逐步渗透到社会生活的各个方面，成为人们践行公平竞争的行为方式。体育是竞争，是在规则范畴内的竞争。违背原则的行为，必将受到道德的谴责。奥林匹克运动中倡导的公平竞争精神是值得深入学习的，能增强大学生的公正平等意识，树立大学生公平竞争理念。

（二）培养大学生责任感和团队精神

优秀团队建设的根本立足于责任感，团结精神是助推剂，明确分工是落脚点。在集体性体育项目中，一个团队成功是所有人努力奋进的结果，每个人对团队的输赢都发挥着至关重要的作用。田径接力比赛中，每一棒都很关键，接棒就是接责任和信任，只有同心协力发挥团队凝聚力才能取得成功。时代在迈进，社会在阔步，友好和善的人际关系在当今团队协作的社会中异常重要。大学生要有主人翁精神，建设祖国，发展社会主义事业，具备高度的责任感，严于律己，恪尽职守;要有团队合作精神，树立大局意识和自我牺牲精神。

（三）树立大学生乐观的生活态度

生活路上总会遇到荆棘和坎坷，面对困难迎难而上、坚韧不拔、越挫越勇是体育人的写照。竞技运动中的体操、武术、跳水、健美操等是按动作优美、难度和表现评分的项目，只有不断推陈出新才有竞争力、生命力。体育比赛中仅有一名冠军，失利乃普遍现象，成功凝聚诸多艰辛努力，面对任何挫折需保持乐观的态度。体育文化魅力激励人们具有顽强的意志力，勇于面对困难、挑战困难、战胜困难，从而成就自我。经常参加体育运动，能够稳定情绪、愉悦身心，习得心胸豁达、热爱生活、友善热情、乐观开朗的人生态度。受到挫折不悲观失落，取得胜利和成功不忘乎所以、妄自尊大。以乐观向上的生活态度看待一切，完善道德和人格，提升精神境界。

（四）培养大学生爱国主义精神

体育运动促进健康，体育比赛峥嵘并进、一决高下。在学校为班级、学校争光，在公司为单位争光，在世界舞台上为国家荣誉争光。中国女排是国人的骄傲，她们坚持不懈、勇往直前，用汗水和泪水赢得掌声和荣誉。每一场比赛队员都全力以赴，极大地激发全国人民特别是大学生的爱国热情，比赛颁奖仪式中只有获得冠军的国家才能升国旗奏国歌。站立凝望冉冉升起的国旗，右手抚摸胸膛的心跳，眼中饱含着激动的泪水，诠释爱国精神。大学生感受着体育带来的视觉体验，领悟体育文化的魅力、精彩及体育文化精神，模仿学习体育比赛中运动员坚韧不拔的毅力、振奋人心的士气及爱国情怀。

三、高校体育文化育人内涵

（一）高校体育文化传承育人

体育强则中国强，大学校园是体育后备人才培养的摇篮。高校体育文化盛行对体育文化的有效传播起到决定性作用。而且基于目前我国体育发展的趋势，校园体育文化能否成为我国体育文化的核心将决定着我国体育的走向。体育不仅仅是比赛的输赢，更是一种文化的传递，在当前竞争激烈、就业形势严峻等社会大环境中，焦虑、浮躁和不安显得尤为突出。在欲望的驱使下，见利忘义不足为奇。互联网信息化背景下，各种思想文化交流交融交锋，作为新时期接班人，传承、筛选、学习先进文化，要保持头脑清醒、思想与时俱进，德智体美劳全面发展，提升文化内涵和修养。自私、娇贵等成为独生子女的代名词，教育工作者坚持"以人为本"，将体育精神贯穿于学生学习成长过程，帮助学生树立正确的社会主义核心价值观，互助互爱、积极向上、公平竞争、勇于拼搏。培养大学生传承体育精神，践行体育文化内涵，形成文化自觉、自信、信仰。

（二）高校体育文化竞赛育人

师者，传道授业解惑也，注重教，更注重育。习总书记强调把立德树人贯穿于教育教学的全过程，实行全方位育人，即多元化育人。竞赛是输赢的比拼，更是文化的较量。在比赛中体育那种坚持不懈、鼓舞人心的精神及体育带给观众视角美感的冲击是催人奋进的。高校以人才培养为目的，人才的培养离不开体育文化的熏陶，体育文化发展以学校发展为依托。高校体育担负着为社会发展培养身体健康、人格健全、能力全面的社会主义接班人的重任，要开展形式多样的体育竞赛活动，增强人与人之间的沟通交流，培养竞争意识和互帮互助精神。弘扬高校体育文化，激发大学生参与体育运动的热情、领悟体育文化真谛和魅力、发扬体育文化精神。

（三）高校体育文化冶性育人

学习成绩从不是评判一个学生好坏的唯一标准，健康的身体、健全的人格是学生发展的重要环节，大学生具备良好的为人处世能力、社会适应能力是非常重要的。传播体育文化知识是教师的责任与使命，道德建设与校园体育文化相融合是培养体育人才的重要途径。体育文化内化在学生的日常学习、实践中，能够促成"大学生真正成为社会主义先进文化的先行者和社会道德标准的实践者"。国内外研究表明，体育类大学生心理承受能力较好，经常参加体育锻炼的大学生比一般大学生心理承受能力更强。体育强身健骨，完善人格。在体育文化的熏陶下，学生渐渐习得理性平和的健康心态、坚韧不拔的毅力和人文情怀。体育锻炼能够对学生进行心理疏导，磨炼心智，陶冶身心，提高学生思想、政治觉悟，培养大学生具有高尚的道德品质和良好的文化素养，使其在激烈的竞争中具备社会适应能力和抗压能力。

立德树人，体育为先，文以载道，体以育人，传承体育文化，践行体育精神。立德树人背景下，希冀大学生成为道德规范的优良典范，而校园体育文化是非常好的载体，运用校园体育文化的传承育人、竞赛育人、冶性育人等功能培养、规范、升华大学生的道德情操，使其树立正确的世界观、人生观、价值观。大学生在参与丰富多彩的体育运动中锻炼体格、健全人格、立德成才、传播德品。通过体育树立良好的道德情操，既丰富了校园体育文化，又培养了具有优秀道德品质的社会主义合格接班人。

第四节 立德树人任务下高校体育课程创新发展

培养什么样的人，是教育的重中之重，是要培养德智体美全面发展的社会主义建设者和接班人。这是我国发展教育的目标和提出任务的新要求，习近平总书记围绕坚持立德树人根本任务作了一系列重要论述，明确要求"把立德树人的成效作为检验学校一切工作的根本标准"。在立德树人的根本任务下，提高高校的课程教育是立身之本，是高校工作的中心环节，目的是培养新一代社会主义接班人，立志为中国特色社会主义事业奋斗终生的有用人才。

开展体育课程是为了提高学生的身体素质，这是学校体育开展的主要目的，而在高校开展体育课程不光是为了身体素质的提高，还是为了增进学生的思想道德修养，这也是素质教育的要求。素质教育是德育的重要部分，在高校的体育课程中也可进行素质教育，因此，把思想政治教育渗透进高校体育教学中非常有必要。

一、立德树人任务下高校体育课程的理念转变

在传统的体育课程中，体育课只是学习体育活动的课程，然而在当代体育课程中，在立德树人任务下，高校应该将思想政治教育更好地渗透进体育教学中。比如在技术课教学中，创设一定的情景，利用投影播放中国队在国际赛场上夺冠的赛事集锦，在调动学生积极性的同时，还可以增加学生的爱国思想，由最原始的课堂学习，到学生提高积极性的同时增加了爱国情感，使学生在技能学习的同时思想政治素质得到提高。

（一）提升道德观念水平

要把思想政治教育渗透到高校体育教学中，可以将爱国主义的教学内容穿插进体育教学课堂中，这样可以使在学习技能的同时，通过课堂比赛使学生更加团结，这样也要求教师在掌握应有的体育技能同时还要更加了解思想道德修养。因此，教师应在体育课程中不仅要让学生掌握相应的项目运动技能，还要要求学生掌握该项目的理论知识，如竞赛规则，将技能、理论联系起来。

（二）课程思想相结合

在体育运动中，每一种运动项目的运动技能特点是不一样的，因此，在教学上不同项目要采用不同的教学方式和方法。为此，课程思想要想更好地融入体育教学必须根据不同的项目内容和特点采取不同的教学组织形式。可以在课程中采用竞赛法，尽可能多地安排竞赛教学内容，如：篮球、排球、足球、羽毛球、乒乓球，让学生有更多的体验竞赛内容的机会。这可以使原本枯燥的教学课堂增加趣味性。

二、立德树人任务下高校体育课程的拓展延伸

课外体育活动是体育课的有效补充和延伸。因此高校应该加强开展课外的体育活动。开展课外体育活动的最大特点应该是尊重学生的个人喜好，并且自己可以对锻炼后的效果进行评价，这种自身评价加上直接体验的方式本身就是一种对体育的更好的了解。

三、立德树人的任务下高校体育课程的创新

新时代高校立德树人是一项整体性、综合性的实践，因此其方法不是单向度的选择，而是一种综合运用的趋向，是通过对具体方法的协同使用和各类资源的交互融合，才能形成立德树人的合力，进而提升立德树人的效果。

（一）高校体育课程的制约

因传统的体育教育观念的影响，高校体育的课程一直在保持原来的教育方式，就是强调模仿式教学，使得学生在教师的要求下，模仿教师的动作。学生从小到大的体育课都是在模仿学习，使得本应该是教学生强身健体的体育运动的目的发生了改变。原有的体育课

程只是在考核教师的教学效率，而对于学生到底学到多少并没有认真考量，这很有可能使学生不喜欢体育这项课程。

（二）高校体育课程的创新

进入新时代，95 后、00 后逐渐成为在校大学生的主体。从成长环境来看，互联网建构了他们整个知识学习以及认知知识的方式和过程，这一群体体现出了"网生代"的特点。传统的体育教学主要依赖于教师对学生的口传身授，学生只能通过教师讲解和教师的动作学习，而互联网教学的模式可以提高学生的学习兴趣，也为体育教学提供了便利。

（三）线上与线下教育相结合

现如今是一个互联网的时代，人工智能化、一系列的网络给人们带来的时代改革，不光为我们提供了生活上的变化，还有为课程改革带来的变化，主体与环境都呼唤教师创新立德树人的方法。在此背景之下，教育一定也要与时俱进，将课堂教育与课后教育结合起来，形成新的教学模式。从课程教育来说，教师起主导作用，将已知的信息即时输送给学生接受，学生是主体，将接收的信息作分析并解读出来，加以转化形成自己的知识。高校体育课作为一门高校必修课程，包含了众多的运动课程，传统的体育课程是教师讲解并且做示范，受到局域场地的限制，现如今可以通过网络把体育课程通过线上与线下教学相结合，打破传统的教学模式，教师可以通过录像的教学模式和通过网络上丰富的信息资源来开展体育教学课程，这样不仅提高了学生的兴趣也解决了体育课之间存在的问题，在提升课堂上课效率的同时还可以使学生在体育上有自己的理解，丰富学生的知识。

四、互联网促进高校体育教学方法的创新

高校体育信息化教学不光可以改变原有体育教学上的问题，如场地、器材、时间上的问题，还可以改变课堂上学生学习的氛围，多用学生喜欢的模式进行教学，使学生开始了解体育不是一个模仿式教学，而是一门多元化的课程。网络的发展改变了原有的教学模式，将原有的教学中需要的器材书本，转变为网络中的课件，网络课程不只是电脑上的教学，还可以是手机上的教学，在教学中学生提出问题也可以播放学生的作业，让学生自己产生兴趣去了解，加快网络教程，实现数字化教育。

构建网络上的课程平台交流。网络是一个多维的交流平台，能把线上教育和线下教育结合起来，形成教学的互动平台。充分利用网络信息的多样和传播速度快的优势，帮助教师丰富课程，通过运用大数据研判和监测大学生课堂动态，为教育者科学筹划、组织和实施教育提供精准信息；建设线上精品课程群，为大学生的自主学习提供一个更丰富的资源平台和交流平台，因此来激发学生学习的主动性。

立德树人是经过传统教育的不断改革，形式更加完善的教育理念，在立德树人任务下，高校的课程需要新的开展思路，让学生在接受知识的同时可通过教师的讲解去拓展自己的思想，高校体育课程的创新需要通过教师不断完善自己能力的同时，还要在课程中寻求新

的教学思路，使课堂内容丰富起来，让学生不光在课堂学到知识还能让学生提高自我思想道德修养，拓宽高校课程的渠道，为立德树人提供一个新的发展方向。

第五节　立德树人背景下的高校体育教学体系

高校体育是高校教育的重要组成部分，也是学校体育教学的最后一阶段，与其他室内理论课程教学方式有着较大的区别。在室外开展的高校体育教学在"立德树人"方面有着得天独厚的空间和组织优势，是高校教育践行"立德树人"根本任务中非常重要的途径，在培养大学生运动技能的形成、道德品质的树立和社会适应能力培养等方面有着不可替代的作用。

在走访调查中，高校仍然存在"重技能轻体育"和"重文化轻体育"根深蒂固的旧思想观念，认为体育属于边缘学科，仅仅看作是休闲、娱乐身心的活动，大家不怎么重视，体育教学课时数达不到国家规定的次数，体育教师的数量与在校学生人数比例也达不到国家要求，缺乏学校的支持和师资力量，体育课的教学质量打了折扣。在体育教学过程中，体育教师对于教学任务只局限于完成教学内容、锻炼学生身体，教师根本不会深层次地挖掘体育教学常规、教学组织和各种项目中的德育教学内容，严重偏向竞技比赛及效果，德育内容可有可无。

一、新时代"立德树人"对高校体育教学的重要性

（一）深入贯彻落实"立德树人"精神

中国特色社会主义现代教育事业的核心是"立德树人"，党的十九大报告中指出"要全面贯彻党的教育方针，落实立德树人根本任务"。要把立德树人融入思想道德等教育各环节，贯穿高等教育等各领域，学科、教学、管理等体系要围绕这个目标来设计。"立德树人"作为我国高校学校教育根本任务，是促进新时代中国特色社会主义教育事业快速发展的重要保证，也是培养适合新时代需求的高素质、高水平人才的本质要求，标志着我国高校教育已经跨上一个全新的思想台阶。

（二）促进高校体育育德、育体相结合

"立德树人"要把理想信念、爱国情怀和道德规范等作为德育教学内容，深深融入高校体育课程教学中，以德育为先来引导、感化和培养大学生，以育体为本来锻炼、强健和提升大学生，育德和育体相结合，且融为一体。高校体育教学不仅可以高效率完成学生运动技能掌握、形成和养成终身体育体育锻炼习惯，还可以树立良好思想品德、陶冶高尚道德情操，促进新时代大学生综合素质的发展。

（三）提高教师政治思想水平

"立德树人"使高校加大对体育教师政治思想、道德品质提升的重视，坚持高校体育教师德才兼备、以德为先的用人标准，把这一思想贯穿到整个高校体育教育教学过程，形成以德修身、以体炼身、以德育人、以德服众的体育教育环境，用"立德树人"指导思想来加强师德师风建设，按"立德树人"指导思想来衡量和评价教师，凭"立德树人"指导思想来考察和选拔优秀教师，以"立德树人"指导思想来监督和激励教师，形成全方位"立德树人"战略方针，提高教师职业道德和思想品质。

二、在"立德树人"背景下高校体育教学体系的构建

（一）"立德树人"，教师作用覆盖全过程

作为高校体育教师必须加强自身思想品德修养，提高自身综合素质，认真学习政治思想理论，有计划地参加师德师技等方面的培训和交流。在高校体育教育教学过程中，教师的言谈举止都具有德育内涵，如课前备课充分、按时上下课、讲解清楚简洁、动作示范标准规范、公平公正评价学生、关爱每一个学生等举措，都能为学生发挥以身作则、为人师表等充满正能量的榜样作用，让大学生在体育课堂潜移默化地受到教师的德育熏陶。高校体育教师要担当起教授学生运动技能、锻炼学生身体、增强学生体质的责任，又要对其进行德育教育，促进他们身心素质全面发展。

（二）以学生为主体，使其明大德、守公德、严私德

通过高校体育教学，在德育方面使当代大学生形成：明大德，热爱祖国和人民，拥有强烈的民族自豪感和自信心；守公德，遵守纪律和规章制度，遵守规则，公平公正，实事求是；严私德，英勇无畏，意志力强，学会感恩，乐于助人，学会谦让，有礼貌，学会宽容，学会审美，学会自省，增强集体意识，积极向上，善于沟通。

（三）高校体育教学体系中德育涵养

课堂常规蕴含德育内涵。体育中课堂常规有集合，考勤，师生问好，检查服装，使用、借还器材，解散等环节，需要培养学生热爱集体、遵守纪律、有礼貌、遵守规章制度、团结协作精神。

教学内容中各项所蕴含德育内涵。球类运动项目可分为集体运动项目和个人运动项目，集体运动有篮球、足球、排球和网球、乒乓球的团体赛等项目，个人运动有乒乓球、网球和羽毛球单打等项目。高校体育教学中教授这些项目能够培养学生组织和纪律性，尊重规则，学会谦让、学会包容，养成勇敢机智品质，提高沟通和应变能力，集体项目还可以培养团结协作等集体主义精神。乒乓球是我国国球，为国家争夺许多荣誉，女排精神在我们国家激励一代又一代人，通过学习培养学生热爱祖国、热爱人民的爱国主义精神。

田径项目是人体基本活动动作的演化，比较贴近大家的日常生活，是各种体育活动的

基础，参加的学生人数比较多，在高校体育教学中有跑、跳、投等内容。通过短跑可以培养遵守规则、勇于突破、增强自信心的能力；通过中长跑练习，培养顽强拼搏、吃苦耐劳的意志品质；通过跨栏、撑杆跳高、投掷和障碍跑等项目练习，培养学生勇敢、无畏、果断、征服困难等良好品质；通过接力跑学习，能够培养团结互助、沟通合作、胜不骄败不馁的精神。

健美操是大学生比较喜欢的一项运动，可以培养学生自信心、审美情操、吃苦耐劳和积极乐观的品质。体操在高校体育教学中主要有徒手操、单双杠和支撑跳跃等。徒手操主要培养遵守纪律、集体合作的品质；单双杠主要培养顽强、勇敢、坚毅、敢于战胜困难等精神；支撑跳跃主要培养勇敢、自信心、果断、敢于挑战困难的积极进取等品质。在这些运动中有些动作练习需要同学之间互相帮助和保护，使学生养成相互配合、团结协作品质和不断增强学生的责任心。

武术、太极拳等民族传统体育在高校体育教学中深受大学生喜爱，它们是在我国五千年中华民族的历史中沉淀和积累下来的传统文化瑰宝。通过学习培养学生勇敢坚强、正气凛然、爱国主义精神和民族自豪感，提升文化自信。

教学组织方法中蕴含德育内涵。教学组织方法在高校体育教学中非常重要，充分发挥室外不受空间限制的优势，通过队列、讲解、示范，提醒认真听讲，实行组织纪律教育；探究、分组教学培养学生勇往向前、集体主义精神；组织比赛、游戏培养学生规则意识，公平竞争，团结协作的集体主义精神。

教学评价中蕴含德育内涵。教学评价包括教师评价和学生评价，体现实事求是、公平公正精神和学会包容、自省的优良品质。

（四）"立德树人"教育思想融入高校体育教学体系构建框架

为发挥高校体育课程育德和育体双重作用，在为大学生传授运动技能和锻炼身体的同时，充分发挥其德育功能，真正把"立德树人"贯穿于整个高校体育课程教学体系中，做好学生明大德、严私德和守公德等思想品德要求，以此创建"立德树人"背景下高校体育教学体系构建框架，使高校体育课程教学体系创建更好落实并达到最佳效果。

第六节　立德树人与高校青年体育教师教学能力提升

在新时代，国家已经把"立德树人"作为教育根本任务的背景下，必然要求每一位教师都成为这一任务的有力执行者。高校体育教师作为教师队伍的重要组成部分，自然概莫能外。其中，新入职的青年教师更要通过多种策略提升自身教学能力，以更好地完成"立德树人"任务。本研究正是基于立德树人背景，探讨高校青年体育教师教学能力提升的策略。

一、以史为鉴提升职业发展目标

振叶以寻根，观澜而索源。了解历史、学习历史，才能更好地服务当下。青年教师毕业后，进入一所新的高校从事教学工作，对其来说一切都是陌生的。要想快速提升自身教学能力，首先就要在快速融入高校的基础上，确立自己的职业发展目标。其中，积极通过参观校史馆、查阅学校网站与史料、向老教师请教等方式，以了解、熟识高校的建校史、优秀教师代表与优秀校友的成功史等历史，是比较有效的方式。只有这样，才能充分了解学校的发展历史、发展现状、发展优势，才能充分认识自己与优秀教师的差距，明确自己努力的方向。凡事预则立，不预则废。教师职业发展目标或规划对教师发展的重要性不言而喻。作为刚刚踏入高校教师岗位的青年体育教师，制定详细、明确、切实可行的职业发展目标，可以有效挖掘自我潜能，克服在今后职业发展中的盲目性，增强发展的计划性与目的性，提升竞争能力与增加成功机会。

二、以德为本提升教师职业操守

百年大计、教育为本；教育大计，教师为本；教师大计，师德为本。师德师风对一个教师的重要性同样是不言而喻的，是一名教师能够被称为一名教师的根本，是教师最强大、最润物无声的能力。正所谓"其身正，不令而行；其身不正，虽令不从"。中国特色社会主义进入新时代，在国家颁布《关于全面深化新时代教师队伍建设改革的意见》《新时代高校教师职业行为十项准则》等文件，要求加强师德师风建设的背景下，高校青年体育教师作为教师队伍的重要组成部分，更须加强自身的师德师风建设。对此，习近平总书记曾为广大教师做出了具体要求："要加强师德师风建设，坚持教书和育人相统一，坚持言传和身教相统一，坚持潜心问道和关注社会相统一，坚持学术自由和学术规范相统一，引导广大教师以德立身，以德立学，以德施教。"空谈误国，实干兴邦，高校青年体育教师只有在认真学习相关文件、认真领会习总书记教导的基础上，积极通过参加师德师风建设宣讲会、学习先进典型等方式，才能真正加强自身师德师风建设，提升自己的职业操守，做到严格遵守职业道德规范，确立育人为本的教学理念，尽职尽责、为人师表、教书育人、爱岗敬业，尊重学生。

三、以改革创新为核心提升业务水平

曹文轩说："一个作家一旦离开写作，他就什么也不是了。"同样，一个教师一旦离开了教学，他也就什么也不是了。虽然这样的说法有点极端，却能很明显地体现出教学能力对于一个教师的重要性，它是教师的看家本领。新时代，新要求，高校青年体育教师也要积极行动，以改革创新为核心提升业务水平，适应新时代。

第一，要积极转变自身角色定位，由教学的控制者转变为学生发展的指导者、合作者。要了解学生、熟悉学生，尤其是在 00 后已经进入大学校园的情况下，充分了解他们的思想特点，努力与他们建立一种合作与互动的关系，要真诚地对待每一个学生，努力营造轻松、愉快、和谐的体育教学氛围，使他们体验到体育学习进步所带来的快乐。

第二，要提高自身业务素质。高等学校的体育，担负着增强学生身体素质和增进健康、提高心理健康水平、促进学生个性发展的重要任务，这就要求高校体育教师通过多种方式加强理论知识学习，注意自己实践水平的提高；深入研究体育教学方法和教学组织形式。例如，现在学术界和很多高校都在推进学生体育学科核心素养框架体系建构，高校青年体育教师也应该学习了解，在教学方法和教学能力上进行改革，力争在教学中得以运用。高校青年体育教师，只有用这样的体系知识正确引导学生，才能起到事半功倍的效果。

第三，高校青年体育教师要始终坚持把立德树人作为中心环节，把"课程思政"理念融入教学环节，教会学生思考，提高他们的思想政治素质。例如，在教授学生某个动作的时候，如果他们做不好，要教会他们改变过去的固定动作、固定思维。可以借机影射到他们的学习、生活中，教会他们知错就改，不要同时踏进一条河流两次。

从新时期到新时代，从信息技术到人工智能，教学能力的提升不能仅仅局限在传统教育教学方法、手段上，尤其是刚刚走出校门参加工作的青年教师，更要抓住大好机遇，顺应时代发展利用好人工智能等资源，丰富教学方法、手段，让课堂变得更"有意思"。

四、以科研为工具提升竞争力

教学与科研互动、教学与科研相长，不仅已经成为高校发展的长期战略，更是每一位高校教师能力提升的必要路径。教学与科研是一个内在联系的不可分割的统一体，教学与科研既不矛盾，也不能相互替代，高校体育教师只有将教学与科研有机地结合起来，才能全面提升学生的综合素质和创新能力。作为一名体育教师，在其他学科老师的一般印象中是不需要搞科研的，但实际情况却恰恰相反，体育教学也需要科研支撑。体育教师也需要付出大量的时间与精力，琢磨教学中出现的问题，并用学术理论呈现出来，继而指导课堂实践。唯有如此，才会逐渐地形成良性循环，教研相长。对于高校青年体育教师来说，科研是职业发展的重要工具，科研水平是一种核心竞争力。

第一，在体育教学中注意观察、总结。科研是要为解决实际问题服务的。高校青年体育教师在日常的体育教学工作中，当发现问题、遇到疑惑时，要及时地反思、总结，不仅有助于形成科研教学意识，还可以有效提高教学能力。通过与他人沟通交流、查阅文献、反复演练等方式，找到解决问题的有效办法，形成自己的教学模式。

第二，积极参加各种学术会议，与同行交流。做研究不能闭门造车，而要积极与同事、导师、专家学者们交流，进行思想碰撞，才能发现新问题、产生新思想。当前体育学界每年都会组织各种类型的学术会议、学术论坛，广大高校青年体育教师只有积极写作、投稿、参会，才能逐步获得同行肯定，提升自身科研能力。

教师的发展除了自身的努力之外，还需要学校提供广阔的平台，需要各部门的大力支持与密切合作。既可以为教师发展提供有效的管理以辅助教学（人事处人才工作、教务处教育教学管理、网络与教育技术中心），又可以为教师发展提供获得信息的渠道（图书馆、学校办公室办公系统），还可以为教师节省大量时间与精力、管理好相关经费等（财务处），这些均是青年体育教师发展必不可少的外在条件。这些条件，高校青年体育教师就职的高校，都可以有效提供，使每一位青年教师都获得家庭式的成长体验，支持他们成为一名优秀的报账员、信息联络员，更成为一名优秀的高校教师，为完成新时代"立德树人"的教育任务贡献一份属于自己的力量。

参考文献

[1] 韩大维 . 体育教育的浅显思考 [J].2017，38（5）：105-106.

[2] 张瑞林 . 普通高等学校体育课程建设理论与实践研究 [M]. 北京：北京体育大学出版社 .2005.

[3] 曲宗湖 . 现代社会与学校体育 [M]. 北京：人民体育出版社 .1999.

[4] 李国良 . 高校体育教学中融入德育教育的方法和途径 [J]. 当代体育科技，2019，9（18）：102-103.

[5] 胡芳君 . 初中体育课程中渗透德育教育的优势与方法初探 [J]. 科技资讯，2019，17（14）：123-124.

[6] 吴静 . 终身体育教育思想与高校体育教学改革策略探究 [J]. 当代体育科技，2016，6（15）：73-74.

[7] 杜朝辉 . 基于文化传承视角广西高校民族传统体育教学模式评价与构建研究 [J]. 梧州学院学报，2017，27（6）：47-51.

[8] 陈冬 . 生命化教育理念下中小学体育教学的思考 [J]. 成都体育学院学报，2010，（5）92-94.

[9] 徐燕娅 .VR 技术在体育教育中的应用 [J]. 新课程（下），2017，（8）：129.

[10] 端正 .VR 技术在体育教学中的应用前景分析 [J]. 当代体育科技，2018，8（26）：227-228.

[11] 路鹏 . 论成人体育教育的创新 [J]. 当代体育科技，2017，7（31）：178-180.

[12] 伍娟 . 民族传统体育非物质文化遗产保护传承研究 [J]. 沈阳体育学院学报 .2011，30（5）：132-134.

[13] 徐晓燕 . 高等体育院校应如何传承与发展体育文化 [J]. 湖南第一师范学院学报，2018，18（3）：99-103.

[14] 胡国枢 . 生活教育理论 [M]. 杭州：浙江教育出版社，1998.

[15] 蓝晨 . 激励教育在高校体育教学中的应用 [J]. 山西青年，2020，（4）：263.

[16] 李尚胥 . 基于范式效应的学校武术教育在文化传承发展工程中的应用研究 [J]. 广州体育学院学报，2018，（1）：114-116.

[17] 吕雪 . 新时代传统孝文化与体育道德教育融合发展研究 [J]. 运动，2019，（4）：135-136.

[18] 蒋志伟."双一流"引领下体育教师教育文化发展的思路研究 [J]. 湖北第二师范学院学报，2018，35（9）：74-78.

[19] 曾洁.浅谈体育教育与文化教育的冲突与联系 [J]. 当代体育科技，2017，7（10）：223-225.

[20] 刘宝亮.当代高校体育文化渗透"三生教育"的发展路径研究 [J]. 湖南大众传媒职业技术学院学报，2019，19（1）：90-92.